名师名校名校长

凝聚名师共识
回应名师关怀
打造名师品牌
培育名师群体

顾明远

教海拾贝

沈喆小学语文教学研究文集

沈喆 / 著

中国文联出版社

图书在版编目（CIP）数据

教海拾贝：沈喆小学语文教学研究文集 / 沈喆著
. — 北京：中国文联出版社，2022.7
ISBN 978-7-5190-4886-0

Ⅰ.①教… Ⅱ.①沈… Ⅲ.①小学语文课—教学研究
—文集 Ⅳ.①G623.202-53

中国版本图书馆CIP数据核字（2022）第127075号

著　者　沈　喆
责任编辑　刘　旭
责任校对　刘亚伶
装帧设计　刘贝贝　李　娜

出版发行　中国文联出版社有限公司
社　　址　北京市朝阳区农展馆南里10号　　邮编　100125
电　　话　010-85923025（发行部）　010-85923091（总编室）
经　　销　全国新华书店等
印　　刷　北京四海锦诚印刷技术有限公司

开　　本　710毫米×1000毫米　　1/16
印　　张　13
字　　数　197千字
版　　次　2022年7月第1版第1次印刷
定　　价　58.00元

序　言

　　徒弟沈喆将他撰写的十几万字的书稿发给我并请我作序，我爽快答应。我是一位将要退休的教师，当了几十年的教研员，带教了不少的徒弟。他们中的一些人在教育教学方面虽小有成就，但因为各种原因都没有出书，不免令人遗憾。好在沈喆不负师望，为师怎能不欣然提笔为其写序？

　　我深知著书立说对于一线老师而言是多么神圣而又艰辛的事。沈喆是学校的中层干部，任教一个班的语文，还是浦江镇名师工作室的主持人，带教一支队伍，平时既有繁杂的管理工作要做，还要完成规定的教学任务，更要落实教学研究和指导教师的事务。工作繁忙，还不忘忙里偷闲，深入研究思考并及时总结提炼自己在教育教学工作中的想法与做法。可以想象，他不知挑灯夜战了多少个日子。没有对事业的挚爱，没有对业务精益求精的科学态度，是万万做不到的。

　　沈喆是我带教十多年的徒弟。我们之间亦师亦友，情同父子。在十几年相处的过程中，他的好多内在的值得学习的优秀特质，给我留下了特别美好的回忆。

　　他是我带教的徒弟中钟爱语文教学的青年才俊。几年前，因为他写文章的能力强，加之为人大气谦和，工作踏踏实实，被吴泾镇镇政府领导相中，有了一次到镇政府机关从事公务员工作的机会。他离开教育教学岗位，作为师父的我深感不舍，痛惜不已。令人意想不到的是，他心系教书育人的工作，在镇政府机关只待了短短的一个星期，又主动回到学校从事他热爱的小学语文教学工作。闵行区基础教育领域不可多得的人才没有流失，这让我感到万分的庆幸！

他是我带教徒弟中具有执着精神的青年才俊。十年前，我带他到江苏省兴化市新生中心小学上公开课。同台献技的两位青年教师也是我的徒弟。他在听课时对我说："看到她们粉笔字写得很漂亮，心里发慌。"我安慰他说："她们是我的徒弟，粉笔字书写是我指导的；你也是我的徒弟，你按照我教的方法坚持练写，粉笔字也能写漂亮。我给你定一个目标，持之以恒练写五年，成为上海地区同龄教师中粉笔字写得最好的。"从兴化回沪后，他立即选购字帖，描帖、临帖、默帖，用手机拍照传给我看，我再给予指导。他还读了很多名家的字帖，边揣摩边临写，就这样日复一日坚持练写粉笔字数载。我推荐他参加全市教工板书比赛，以赛促练，以赛检效。功夫不负有心人，我给他定的目标，他实现了，甚至不夸张地说，他超额完成了——他的粉笔字多次在市级板书比赛中获奖，参加全国小学青年教师教学素养大赛荣获特等奖，其中的粉笔字书写获得全场最高分！他在书中的"无墨之笔"栏目中收录了他练写粉笔字后的感悟文字以及部分粉笔书法作品，我们在赏心悦目之后，更能感知到他的真知灼见，这就验证了"实践出真知，斗争长才干"的真理。

他是我带教的徒弟中有着鲜明教学思想的青年才俊。从书中各栏目里的随笔、课例、研究报告中可以窥见一斑。在阅读教学方面，他融合课堂上所包含的"听、说、读、写"这些基本元素，大胆地提出"用语文的方式教语文，学语文"的教学主张，有三个主要方面：第一，无论是在一堂语文课上，还是在整个语文课程中，都要有"整体观"，从字词句段到课文，到单元，到整册课本，到整个年段……都要建立一个"相对"的"整体观"。第二，在引导学生品味语言的过程中，比较思维是一种非常有效的手段。第三，在"读"中学"写"，循序渐进，直至融会贯通。在习作教学方面，他竭力主张善用例文，精用例文，便会逐渐帮助学生达到习作不需"推移力"，能力渐成"自在行"的境地。在小学语文教学评价方面，他认真践行"一定要做得'结实'，经得起阅卷者的考验；也要做得'亲切'，合得上老师们的日常教学；还要做得'创新'，启得了学生们的思维"的命题理念。这些教学与评价的理念和主张，是他在长期的教学实践探索中逐步形成的带有规律性的"思想火花"，是经得起实践和时间考验的。

他是我带教的徒弟中富有创新能力的青年才俊。无论是日常教学，还是参加区、市乃至全国性的教学评优，他的每一课的教学设计都有令人耳目一新之感。如教学统编四年级语文教材中《牛和鹅》一课，在精读文章第一、二自然段时，教师先与学生交流：老师在读这两段话时是这样批注的——为什么此处用分号？冒号后面为什么不加引号？"我们都很相信这句话。"这句话为什么要单独成一段？接着，请学生们读读这两个自然段，帮老师想想这些疑问，把思考结果写在问号的旁边，也可以提出自己的疑问。这是一次师生合作学习的过程。师生在课堂上非常融洽、投入。老师在阅读学习中陪伴着孩子们一起读、一起悟、一起写。从教学意图上看，其实还联系了本册教材第二单元的语文要素——阅读时尝试从不同角度去思考，提出自己的问题。再如教学《精卫填海》一课，他在黑板上书课题，写全文，接着故意问学生有没有听过这个故事。大部分孩子都听过。随后，他描述了一个"出土古籍"的虚构情境，激发起学生亲近文本的强烈好奇心。在还没有读之前，让学生发现这篇短短的文言文也有许多值得学习的地方。组织学生采用小组合作的方式给文章断断句、标标点，再请代表来黑板上标一标，交流交流。这个过程并非要追求理解的准确，而是让学生初读文章就能调动已有的经验，特别是通过对句子构成的感知来解决问题。在共同解决疑惑和阻碍的过程中，孩子们和这篇小古文的距离一下拉近了。借用"出土古籍"的"残破"现状，来填补本课要学习的生字并说说理由，既有趣，又让孩子把字音、字形和字义联系起来记忆，提高了教学效率。

"面壁十年图破壁，难酬蹈海亦英雄。"昔日苦练教学基本功，潜心研究教材教法，深入思考教育教学中热点难点问题，勇于探索课程改革

序言

的成功之路，勤于笔耕，换来了今天这本书稿的付梓。这真是"功到自然成"！"路漫漫其修远兮，吾将上下而求索"。课程改革之路还很漫长，需要解决的教育教学的问题还有很多，希望沈喆能"乘风破浪会有时，直挂云帆济沧海"。再接再厉，继续脚踏实地做好教育教学工作，孜孜不倦地开展教学研究，争取更大成绩！

上海市闵行区教育学院　杨献荣

2022年2月2日

C目录
ONTENTS

教学杂谈

课堂撷录

浅研寥记

师道随想

陋室余篇

无墨之笔

3

目
录

教学杂谈

教是为了不教。

——叶圣陶

备课偶拾——我的第一篇教学随笔

作为参加工作不久的教师，除了上课与批改作业外，备课无疑是工作中的最大环节。在一次次的备课中，时有经验所得、灵感闪现，或拾取了新的知识，使我的教学更加富有生命力。平时总觉得工作很忙，深感要使自己的工作忙得有成效，就必须学会抓重点。工作的重点自然是提高课堂教学质量，把课上好。而要上好课，备课便是要领。

初窥门径之时，我几乎一度认为备课就是去读读教材，看点参考书，只要自己懂了，就可以凭经验去上课了。实际上这样做是常出纰漏的；上课时学生们是活的，他们在接触新知识的时候，时常有许多独到的见解或疑问，特别是语文学科。这样的备课是无法满足学生们的知识要求的。于是我便从钻研教材入手，开始自己名为"广义"的备课活动。

人们常用"一杯水"和"一桶水"的关系来比喻学生应掌握的知识和教师应具备的知识的关系，即要给学生"一杯水"，教师应该有"一桶水"。我理解的"一杯水"的范围，大概就是指教科书及参考资料上的知识。那"一桶水"从何而来？需要自己去摸索。首先，要在知识基础上准确地掌握教学内容。接着，明确教学目的、教学重点以及教学方法方面的要求。此外，视野要放广，从一课到一单元，从单元到整本书地整合。阅读教科书时，不应该孤立地去阅读课本的一课、一单元，应当通读全书，从总体上读懂教科书的体系结构以及每一章、每一课的体系结构，这样才能把握和理解每一章、每一课的教学目标。我在备课的时候感悟到：教学并不是一节课一节课的"点式跳跃"，而应是前后连接的"源远流长"。相关的知识掌握得多了，教学前后的思路贯通了，自然就有了"一桶水"。

准备好了"一桶水"还不够，因为走进课堂将面对的是一个个思路广阔、生龙活虎的学生们，他们是学习的主体。因此备课之中也离不开对学生的考虑。学生每天都是不同的，每天都在变，在接受着新的知识。所以在备课时就必须自始至终地考虑学生的具体情况，提出什么教学目标，创设什么情境、如何引导学生的思路、怎么结合不同的教材进行不同的交流方法，等等。除此之外，还必须了解学生原有知识和技能的掌握情况。哪些内容已经学过或需要巩固，是否在讲新课之前安排一个既复习又导新的环节，等等。具体该怎么做，我在自身的教学中总结出，可以结合前一次的作业情况、检查预习中的提问，以及事先与学生的交流而知。所谓因材施教，还需要预先考虑学生的学习兴趣，以调动不同学生的学习积极性和主动性，从而更好地使课堂气氛活跃起来。

在解决了知识和了解学生的问题的基础上，再进行教学设计，便感到得心应手、事半功倍了。这只是我从事教学以来的一些散碎感受，相信随着教学工作的积累，我会有更多的收获。

教学杂谈

简约本质，动静结合——《唯一的听众》教学课例分析

　　《唯一的听众》是小学语文经典课文，在人教版、苏教版和沪教版等多种教材中都有收录，统编教材也将其放在了六年级上册。我想以本课教学实践为例，来表达自己在课堂教学改进中的一些思考、收获，同时也希望能够借此改进自己的教学设计和教学过程，提高教学效率，把课堂教学改进落到日常实处。

　　我所探寻和追求的语文课堂教学改进，是回归本质——"用语文的方式教语文，学语文"。精简地来说，融合课堂上所包含的"听、说、读、写"这些基本元素。有三个主要方面：第一，无论是在一堂语文课上，还是在整个语文课程中，都要有"整体观"，从字词句段到课文，到单元，到整册课本，到整个年段……都要建立一个"相对"的"整体观"。第二，在引导学生品味语言的过程中，比较思维是一种非常有效的手段。第三，在"读"中学"写"，循序渐进，直至融会贯通。

　　回到这一课例上来，先说说我对课文的解读。《唯一的听众》一文记叙了"我"在一位音乐教授真诚无私的帮助下，由没有信心学会拉小提琴，到最终小提琴成了"我"无法割舍的爱好。赞扬了老教授爱护、鼓励年轻人成才的美德，表达了"我"对老教授的敬佩、感激之情。

本文有两条线索，一条是"我"的心理、行为线索，一条是老妇人的神态和语言线索。全文围绕这两条线索展开，脉络清晰、层次分明。本文语言质朴、清新，很有美感。在写作上也很有特点：开头设置了悬念，结尾出人意料；外貌描写和语言描写对人物形象的刻画起到了画龙点睛的作用。因此这篇教材的处理方式很多。而我的切入口，就在于老人三次"平静"的眼神。

为什么我会做这样的选择？我感到自己在教材的解读和处理上，正在向着"从无到有，从有到精"的方向靠拢。"从无到有"，就是减少依赖，独立设计。"从有到精"，就是根据课程标准设计适当的、合理的教学目标，做相应的"减法"，留下最有用的、最实在的，用来帮助学生提高学习效率，让一堂课紧凑充实而避免拖沓冗杂。为什么做"减法"？因为高年级的学生已经能够在课前预习时解决一些问题。当然，这些问题依然要时间和空间来反馈和检验，但是课堂上就尽量完成课堂上需要落实的教学目标。

本课的导入环节，我采用的是横向联系学过的课文中的人物，让学生意识到今天学习的这位课题中的"听众"的地位。当然，横向联系不仅仅是一种手段，用来起到温故知新的作用，它更是一种意识，帮助学生认识到超越课本架构的一类课文的联系，也就是引导学生产生文体的意识，这对学习阅读和写作都是大有好处的。原本我是想联系本单元的几篇课文，但最终还是想到了更广的联系。但无论怎样，它的目的和效果都是类似的，我想这样的一种策略也能够为其他老师优化自己的课堂教学提供一个角度的参考。

我感到自己在这一课的设计中，最下功夫的就是在精读课文时品读三处"平静"。就像我课上说老人的话一样——简约而不简单。首先是你虽然把它们提取、提炼出来，但不能孤立地教。其次是三次语言的品读怎样不重复，有深度，有递进，有轻重缓急，又怎样落实教学目标，我想我的尝试应该说是可行的。先看看联系：每一次的"平静"的眼神，其实都跟老人看到的作者行为表现以及看穿的心理活动有联系，更加与文章的中

教学杂谈

心有联系。因此我每一处都是联系这些内容让学生有依托地说、想，甚至写。但是又不能每一处都重复地进行教学。其实我每一处都有不同的教学目的，而同时又为整个教学目标中的创造性复述做铺垫。第一处，主要是达成联系行为表现来推想心理活动的教学目标，还要让学生体会老人这样做的目的。第二处，我用了引读法，来帮助学生对文章进行补白，并且能够对之前的理解消化吸收。这里的起承转合是为了最后一处的写而服务的。在最后一处"平静"的学习时，有了前两处不同的学习经验，写起来就有根据，很合理。而这三步串联起来，就已经结合单元训练重点，对文章进行了一次创造性的复述。这样的复述是比单纯的机械化复述训练有意义的。

最后，我们不能忘记"在阅读中学写作"的语文学习规律，因此我布置了相关的课后作业。我们教阅读，其实也遵循着从"写什么"到"怎么写"和"为什么写"的顺序，这样就能够和习作教学相辅相成，内在发生联系而互为滋养。

我一直在寻求语文教学的简约之美和语文课堂的动静结合之道，这堂课从教材细读一直到教学设计，都给了我自己很多启发和经验，让我在课堂教学改进之路上又向前迈进了一步。

本文撰写于区"希望之星"课堂教学评比获二等奖后

一次说课——我教《烟台的海》

　　《烟台的海》是沪教版五年级语文第一学期第七单元的一篇写景散文。文章行文思路明晰，从"独特"出发，分四季写出了烟台的海与人相互交织的美景与生活，最后总结为一幅画，一道背景，一座舞台，"世世代代的烟台人在这里上演着威武雄壮的活剧"。

　　文章第五节有一句"告别了冬日的凝重、春日的轻盈、夏日的浪漫，秋天的海平添了几分充实与忙碌"，表明了写作顺序，同时大致理出了四季海景的特点。文章的最后一段话，能够帮助学生运用其提高归纳课文主要内容的效率。

　　同时，此文先从冬天写起，会使读者产生相应的疑问。其实，从冬天观赏蔚为壮观的景象，到春天播种希望，再到夏天欣赏日出和晚景，最后在秋天收获希望，可以看出，人们和海的关系越来越亲密，越来越密切。作者按"冬、春、夏、秋"的顺序来写，可以把人与海之间越来越密切的关系、越来越深厚的情感写出来。

　　文章的遣词造句也值得品味。尤其是在四季中，有许多优美、精准的字词和语句，都围绕全文结尾的"活"字，突显了各个季节的海与人不同的鲜明特点。

　　本班学生经过五年级第一学期前几个单元的学习，通过单元训练目标的逐步落实和练习反馈，掌握了一些阅读方法：边读边思，运用符号进行批注，写出简要的评价；在默读中发现并提出与词句、标点等相关的问题，试着联系上下文或互相交流启发进行解答。本班的朗读偏重流畅，但字字音准、响亮清晰上有所欠缺。个别同学已经具备了通过对语句的理解，自我提升朗读并示范的能力。

本堂课的教学目标有这几点：①理解"凝重、前赴后继、锲而不舍、呢喃细语"等词语的含义并积累。②正确、流利、有感情地朗读课文；熟读并尝试记诵自己喜欢的段落。③利用文章的重点句子和关键词，按作者的写作顺序归纳课文主要内容。④体会作者以海与人关系发展为线索的写作顺序；品读词句，感受烟台的海景观之独特以及烟台人生活的美好。

高年级语文的教学，重在引导学生关注作者表达方式，体会文章谋篇布局之序和遣词造句之精。同时落实重点训练目标，在训练中化知为能，逐步培养学生的阅读能力，以及通过阅读学习为提升写作服务。

再说说具体的教学过程设计。在揭题导入环节，我开门见山，点出文章题材，指导易写错的笔顺，对课题中的字词指导学生分别重读，体会表达的不同侧重。在理清文路环节，我旨在让学生在语言训练中，明确作者的写作意图。同时还要达成一个重要的目标，就是落实单元训练目标。这就需要将学生课前预习的生成资源加以整合，引导他们清楚通过自己找句子来理清顺序、归纳主要内容，是一个学习的好办法。理出文章的主要线索后，再引导学生不仅关注在文章内容上，更要去体会作者的谋篇布局。

品读课文是这一课教学的重点，通过有效的方法来品出作者遣词造句之精，是学生渴望得到的。因此我以冬日烟台的海作为例子，用比较法和学生一同品读课文。学生在比较、交流中"入了味"。同时，这也是"化知为能"的重要环节。学生通过自学和互补实践方法，在实践中养成阅读习惯，逐渐提升阅读能力。品出味后，再去朗读，感受的深度就不同了。在这一环节里我还穿插了一些字词的理解，将查阅字词典和联系上下文结合起来，学生们读透了词语，就能贯通句段。这一环节中的生成资源也是最丰富的，学生的自学，有许多基于他们自己阅读经验和程度深浅的理解。在反馈交流时，怎么利用好这些生成的资源，既使交流的同学得到信心的激励，又提醒其他学生注意吸收有效经验，优化自己的方法。这就要靠老师自己在课前对教材进行深入的解读，才能有充分的预设。这一环节我感到是最有语文本身的滋味的。

课堂尾声，我的结语，目的是要让学生们带着学到的方法走出课堂，在实践中自己去加强阅读能力的内化，同时还要注意语言的积累。我想我自己对语文教学的认识有几个阶段：一开始觉得形式很重要，非得有那么几个花哨的环节不可；后来又看重内容，设置一些学生明明通过预习读文早已经知道的"悬念"；接着又注重方法，在教学中导法明文，又会显得单调。而现在我的思考回归到了语言文字的本身。我尝试着带学生从语言文字中去获得趣味，明白深意，习得方法，形成能力。当然，这条路还要摸索很久。

教学杂谈

命 题 记

本学年第一学期闵行区四年级语文期末试卷，是我根据教材内容和一学期的教学要求，先进行初步命题，再经过区教研员审核，对部分命题进行了适当的修改而完成的。经历了这次期末命题的工作，我的体会总的来说是：命题一定要做得"结实"，经得起阅卷者的考验；也要做得"亲切"，合得上老师们的日常教学；还要做得"创新"，启得了学生们的思维。

积累与运用部分的第一题，主要检测学生能否读准字音，其中包括容易多音字在不同词语中的准确认读，前后鼻音的区分，"一"字在词语中的变音。这一题得到了保留。同样得到保留的还有第三题、第四题和第五题。第三题主要检测学生在语境中的词语理解与运用，结合四年级阅读教学中出现过的内容，紧扣教材和日常教学目标。第四题同样以此为依据，要求学生正确默写精读与泛读课文中要求背诵的语段中的常用词语；同时对古诗词的识记要与理解相结合，注意情境的运用，而不是进行单纯的机械化默写。第五题结合本册语文教材综合练习中学到的两个语文基础知识：正确运用修改符号修改语段和按照正确的格式书写应用文中的"通知"。

积累与运用部分的第二题得到了改进。第二题主要检测的有辨清字形、笔顺正确和无语境近义词辨析。其中原先的第四小题我命题的内容是"槐""愧"和"魁"的区分，而修改后的命题内容是"燥""躁"和

"噪"的区分。后者是学生在平时学习和生活中，更容易在辨别时产生错误的。同时，改进后的题目引导学生在辨字时，关注形近字的偏旁部首所包含的字义。而且题型提供了语境，提高了选项的辨析度。考查的知识内容是定向的，而提供给学生解决问题的路径是明确的。学生需要在做题的过程中搜索已有的知识，运用正确的方法来解决题目。这既考查了教学目标的达成情况，又设计了一个很好的问题情境，促进学生知识的简单迁移，体现了思维过程。我感到这在所有的命题中，是必须要遵循的一个重要且具有科学性的原理。

阅读板块的课内阅读部分，我选取了精读课文中比较有代表性，而且处于本学期学习时间中期的第五单元的《家乡的桥》中的一节。第一次命题的第一题和第二题得到了保留。第一题主要考查学生联系上下文对重点字词的理解，这也是四年级第一学期语文单元训练目标中的一项要求。如果学生不联系上下文，很容易直观地将"缀"字理解为"装饰"，但是通过读文可以发现，在这句话中"缀"的意思应取字典上的"连接"。因为桥边的石阶不是一种装饰，而是连接桥两边的人家的主要组成部分。第二题同样需要联系上下文，但与第一题的目的又有所不同，是让学生通过联系上下文，理解代词的运用和准确表达之间的关系。

课内阅读的第三题得到了优化。原先的填空意在让学生理清本小节的写作内容、写作顺序和详略布置。这是结合四年级第一学期语文单元训练目标中归纳文章主要内容以及分清内容主次的要求而进行的命题。优化后的题目，不仅语句更简洁、准确，考查目标清晰，而且更引导学生关注主要内容，提取更有效的信息，其实也是对学生应用能力的一种提高。这样的优化，体现了在"考"中"查"，在"考"中"教"，在"考"中"学"的高明策略。

课内阅读的第四题是新增的。"作者开头说家乡的桥造型'千姿百态'，接着却只介绍了两种桥。你认为这样写好吗？为什么？"这道题不仅弥补了前一题没有讲到的次要内容，还再次引导学生关注文章整体，揣摩和体会作者谋篇布局的意图。在回答问题的过程中，学生再次关注文章的详略、主次，从而能够认识到文章表达方式上的特点，有意无意间，其实对自己的写作也进行了一次提高。

课外阅读部分同样紧扣本学期教材中阅读部分的单元训练重点来进行命题。得到保留的是第一题中的第一、三小题以及第二、三题。第一题主要考查学生联系上下文进行准确的词语理解；联系上下文读懂因果关系；联系上下文合理地进行总结，点明文章中心。第二题主要考查学生是否读懂文章的主要内容。第三题主要考查学生是否能够根据文章的详略、文章表达的中心来分清文章内容的主次。

其中原先第一题中的第二小题得到了删减。删减的部分是要求学生根据文章内容来理出几项生活中使人微笑的事情。原来的命题意图虽然也是根据单元训练重点而产生的，但可能造成学生因为概括方式的不同或概括能力的参差而连续失分。结合文章内容看，对这一部分内容进行概括，意义并不大。因此，本题进行了删减。我想删减后，更符合检测要求，也让学生的做题思维更清晰。我得到的经验是：不能为了"形式"而"形式"，每一个命题除了有依据和考查目的外，还要根据文章内容的实际和学生解题时的依托来展开，必须经过严密的思考，符合考查的要求并具备可操作性，更要考虑到批改评价时的主客观因素，能够有可以准确评价的标准和依据。

这一题删减的智慧，更好地体现在了新增的第四题中。让学生从阅读中学会正确运用语言，提取和组织自己的生活经验，来完成表达。这题对学生来说，最重要的是有了阅读这篇文章后的语言运用价值，用文章中的表达形式，来规范自己的表达。这就让试卷的前后特点都得到了统一，使整张试卷体现出一种考查检测高度的准确性、指导性和易评价性。

本次写作的题材，我意在激发学生在补题中思考选材，利用好自己有意义的生活经验，同时努力运用好命题语言来激发学生写作的兴趣。在字数上，修正后的"250字以上"更符合课程标准中对四年级第一学期学生写作的基本要求。评价标准则更加趋向清晰化，让老师在阅卷评价中，尽可能从正面去读取学生文章的"好"。在此插一些题外话，以自己的经验来说，我发现很多老师在批改作文时，总是关注学生"没做到这个，没写出那个……"，而不去看看学生"已经做到了什么，已经表达出什么，已经描写出什么……"。日常习作评价中"挑刺"的习惯，也很容易带到考试阅卷中。我多想对老师们发出一声疾呼！这样学生怎么能对写作有浓厚的兴趣呢？多看看孩子们已经做到了什么吧！他们在不断地得到欣赏，感受到价值后，等到写作能力伴随着兴趣逐渐增强的时候，自然会发现自己的不足，自然会去精益求精。"物有本末，事有终始，知所先后，则近道矣"，一定要先激发和维持学生们对写作的兴趣，再逐渐引导表达的规范、准确和精妙，这样写作指导便会渐入佳境，并且取得的成效会伴随学生们进入到自己未来的学习中去。

总体来看，整张试卷的许多命题形式，对于阅卷评价来说，尽可能地缩小了语文学科评价中经常反映出的主观误差，这也是语文命题的一个趋势。总之，"模棱两可"不称为"活"，也不可能"活"；"精确无误"更不称为"死"，也不可能"死"。

教学杂谈

五个"不一定"：用例文指导习作散谈

在小学语文习作指导课中，运用例文是比较普遍的做法。但一直以来，对于用例文指导习作也存在很多争议。朱作仁先生在其著作《语文教学心理学》中曾指出："语文课在培养学生一般能力的过程中，模仿能力的培养常被人们忽视。其实，从心理学观点看，模仿是学习时心理上的需要，是教学的必要手段。任何学习开始时都离不开'依葫芦画瓢'。小孩子简单的模仿是一种本能的倾向。"结合习作教学的实践过程来看，例文的确是提高习作指导有效性的一味良方。"致知在格物"，我们在习作教学中所需要探讨的不是要不要例文，而是怎样恰当地用好例文。

一、例文不一定取自一类

说到例文，我们会习惯性地把阅读和写作联系在一起，从而在指导习作过程中，往往选取学生学过的课文。这就呈现出例文的单薄。其实，根据习作内容和要求的不同，在教学中可以从多种角度来选取例文：可以是老师根据习作指导教学需要而作的"下水文"，可以是同龄学生的佳作，可以是教材中可供习作指导使用的课文，也可以是文学作品或文集中选取的文章等。

在全国第三届"新体系作文"青年教师教学评比的十二堂课中，几乎无一例外地在习作指导中运用了例文。这些习作指导课有的是补充扩写绘本，有的是介绍事物，有的是抒发感受，有的是记叙生活，有的是创意想象。老师们都根据指导的体裁和题材选用了各类相关例文。

可见例文的多样性是由习作指导的实际需要决定的。有了不同年段、不同要求和不同教学重点的习作指导目标，就能相应地选取具有实际指导作用的例文。这样选取例文，又怎么会使学生的习作"千篇一律"呢？

二、例文不一定用在一处

习作指导课一般有作前指导、学生习作、示范评改、学生自改和交流展示等基本环节；而例文的运用，也并非一定是在作前指导时。之所以有观点认为用例文指导习作存在着很大弊端，跟老师们在教学时往往在孩子动笔写作前就出示例文，而且多关注内容而轻方法指导有关。其实例文运用完全可以出现在习作指导过程中所需要的任何时间。

1. 作前指导用以明法

在习作前的指导时，例文主要能帮助学生在提高写作兴趣的基础上，得到表达形式的借鉴，继而能始终怀着饱满的兴趣，去有方法、有目标、有条理地投入到习作过程中。这时的例文给学生的是"路径"和"工具"。这主要是由老师根据这堂课的教学目标和指导重点而决定的。

全国第三届"新体系作文"的两堂特等奖课，都在作前指导环节运用了例文。郭敏老师的《午餐时的小镜头》一课，先用视频引导学生观察孩子们吃饭时富有特点的镜头，在学生们口头交流完，表达欲望高涨时，选用了课文《图书馆里的小镜头》，点拨学生怎样把各类人物的特点表达准确，同时把人物的各种表现有条理地表达清楚。这一处例文运用就使得学生在产生迫切的表达需要时，获得了表达的途径。许小明老师的《让人物"动"起来》一课，也同样在学生写作前，选取了《小兵张嘎》为例，引导学生发现以对人物动作的交替连贯描写来表现场面的表达方法。这两堂习作课的例文运用无疑是高效的。同时学生的习作内容也完全没有"雷同"之嫌，因为他们通过例文学到的是"途径"而非内容。

是不是每次都要在作前指导时呈现例文？不一定。因为小学中高年级学生的生活经验和写作能力都有一定积累，虽存在差异，但存在某些学生具有相似体验或有过类似写作经验的题材。在指导写作方法时可以先不用范文，而把主动权交给学生，先创作，再指导。如果要做这样的选择，老师一定要充分了解学生的学情，明确使用此法的条件，清楚后续教学过程的落实。

2. 作中参照用以修正

在习作过程中，尤其是学生初步写完时，老师还需要帮助学生不断地明确本次习作的训练重点，纠正或优化表达，提高习作质量。这时候，又是运用例文的好时机。当然，例文能够起到这样的作用离不开老师的作前预设、及时观察和正确有效的二次指导。

3. 作后呈现用以评改

在示范评改的环节，老师运用的例文多是学生即时做成的文章。想要达到的目标主要有这几点：①对比例文和自己的习作，再次明确本次习作要求；②学习例文写得好的地方，关注值得改进之处；③累积习作信心和修改的动力。

在这一环节，结合前文说到的例文类型，可以发现此处的例文已经不仅仅指老师课前所准备的文章，还包括学生当堂写下的文章。在这里，原先的那篇例文已经成为了一种参照物，而怎样运用好即时生成的例文就成为了关键。老师在讲评时，应参照对比前后文章的结构、详略和拟题等要素，帮助学生们巩固这堂课要达成的学习要求和习作规范。同时，老师还可以即时评讲现例文的闪光点，从"创造"的角度区分它与原例文的不同，激励被示范同学的信心，也给其他学生指明了参照的程度和方向。

三、例文不一定用来仿写

这是习作指导中运用例文扬长避短的关节。

在景洪春名师工作室的习作指导研究汇报课《为老师画速写》上，邵立佳老师设计了用例文指导写法的问题：①读读语段，圈一圈作者表现了人物的什么特点？②想一想，文章抓住了人物哪些方面的特征来写？③作者按什么顺序来写这些人物特征？

这是引导学生体会抓住特点，按一定的顺序介绍人物的写法。那么学生在写作中会不会发生写出来的人物与例文雷同的情况呢？事实证明完全没有。一位学生围绕老师爱漂亮的特点，从上至下写出了老师怎样收拾发型，变换穿着；一位学生围绕老师亲近学生的特点，按整体到局部的顺序写出了老师憨厚的外形，并结合事例来印证特点。说明在老师的正确引导下，学生得到的是表达方式，而非内容。

在指导习作《我听见地球妈妈在哭泣》时，针对范文我设计了如下问题：①作者写了一件什么事？每个部分分别写了什么？②边读边用直线画出作者具体反映的环境问题，想一想作者是怎样把它们写得生动、具体的。③作者的文章能否让人们反省错误，并且去保护环境？

通过这三个问题引导学生"知内容、悟写法、体中心"，这样学生就知道关注和学习的重点——不是要模仿例文写了什么内容，而是要学习作者是怎样表现出整个故事，表达出文章中心的。再通过讨论明法：读一读，议一议，交流画出的作者具体反映环境问题的句子，发现心理变化的线索。着重指导例文的人物设计、情节布置、故事的完整性以及反映的积极意义。

总之，例文的"导法"作用体现在通过精准的问题设计引导学生关注写法、体悟写法，进而用自己的不同材料去实践写法。从例文中汲取的是表达策略。

四、例文不一定选用全篇

张中行先生在《作文杂谈》里有个生动的比喻——"天空的老鹰不如手里的麻雀"。习作指导就是要抓住当下课堂中需要关注的重难点，解决需要解决的实际问题，让学生有实在的获得。通过学透"麻雀"之"微"，才能领会"老鹰"之"伟"。用整体还是用局部，讲布局还是找线索，类似的取舍与之前所提到的时机密不可分，也同本课所要达成的教学目标和设计的指导重点紧密关联。

朱煜老师的习作指导课《味道好极了》一课，在作前指导时就撷取了自己书中描写班级学生吃小笼包的片段来作为例文，既激发了学生的兴趣，又聚焦学生关注的表达重点，同时也和这堂课的指导重点——写品尝食物的过程和感受——紧密结合起来。

例文的内容经过取舍，可以在多个环节中进行不同角度的呈现和运用，达到"一文多用"或是"多文并举"的效果。取舍不仅有内容上的，还要从整堂课的视角来安插例文，否则可能走入过度运用甚至是"依赖"的误区。

五、例文不一定非用不可

辩证法的规律是无处不在的，有肯定就会有否定，有好处也必然有不足。在习作指导中，运用例文的确能提高教学效率，但随之也可能或已经产生了"副作用"。

首先是习惯和痕迹的产生。学生是否会在长期的习作实践中，受例文影响而约束自己的行文习惯，形成一些固定的痕迹？老师如果常亲手执笔例文，或根据自己的经验来选取例文，就要避免给学生们烙上"印记"。学生的个性化表达与例文运用其实并不矛盾，在有更好的途径和策略时，完全可以不用例文来指导写法。

在教学中运用好例文，能帮助学生拾级而上。这样的提升虽显得平稳、扎实，却有它的极限。学生们养成习惯，形成了一定的表达能力之后，在更长远的学习中更需要自己去融会众长，形成独特的表达风格。也就是说，运用例文应该分一分阶段，在高年级的后阶段可以逐渐过渡和发展，从而帮助学生自"得法""得能"向"破格"进发。

用例文指导习作，张中行先生曾说过是"照猫画虎"。要画成虎，光靠想象自然行不通。这时，猫就是我们最易接触、不易有危险、最形似虎且可利用的典范。但是你如果照着画，也必画不出虎来。每个人不同的理解、观察和添饰对于最终能不能画成虎就尤为重要。习作教学的改进需要以更丰富的实践经验来印证和完善。朱熹有诗云"向来枉费推移力，此日中流自在行。"这也描绘了一种教育的境界。好的方法要运用得当,不可牵强附会;功夫到家,便能驾驭自如。在习作教学中善用例文,精用例文,便会逐渐帮助学生达到习作不需"推移力",能力渐成"自在行"的境地。

本文2018年10月发表于《上海教育情报》总第162期

教学杂谈

开启·体验——《天窗》教学例谈

叶圣陶先生在《语文教学二十韵》中写道："作者思有路，遵路识斯真。作者胸有境，入境始与亲。"而现今语文教材中的多数文章，渐渐与现代孩子们的日常经历疏远。因此，怎样运用教材的文例，来为孩子们开启一条经历语言文字的通道，从而丰富他们的体验，引领他们走进文本世界，充分地在日常课堂教学中得到语言发展，是课堂教学改进的难题之一。我在2016年第二届全国小学语文教学观摩活动上海选拔赛中执教了五年级《天窗》一课，谨以本课为例，从教材分析到课堂实践，来试着开启语文课堂"小小一方"的语境之"窗"，引领孩子们从经典的语言中体验那为时代所隔的丰富经历。

一、解读教材，疏通文本与课堂的屏障

《天窗》是茅盾先生青年时代写的一篇散文，成文距今已有八九十个年头，写的是当时乡下房屋的特殊结构而诞生的天窗给活泼会想的孩子们带来了封闭中的慰藉，表达了天窗在孩子们生活的时代和环境下启发想象、打开心灵的神奇作用。全文围绕"天窗"，写了三个部分的内容，结构清晰，富有生趣。第一部分写乡下的大人们在封闭的屋子里开了天窗，第二部分写当孩子们被迫待在屋子里时只能通过看天窗得到唯一的慰藉，第三部分抒发了作者对天窗的赞叹。

文章题为"天窗"，自然由天窗其物说起。前三自然段的语句如同"乡下"的环境一样质朴、简练，说清了乡下房子屋面上那天窗的来历，同时又埋下了"木板窗只好关起来，屋子里就像黑洞似的"情形，为后文写孩子们被"关"在屋子里时的"困境"和只能看天窗来得"唯一的慰藉"种下了"因"。

第4至第7自然段，茅盾先生先后写了两次天窗给孩子们带来"唯一的慰藉"。这两个材料之间有什么关系？是否显得重复？显然我们读者会推想作者的用意。晚上看天窗，要"从帐子里伸出头来"，如果没有经验是不会想到的。而夏天阵雨时孩子们直接会被风雨雷电的声音引向天窗，是偶发也是先发。有了经验的孩子们才会在晚上不想睡时，经常来通过看天窗得到想象的乐趣。因此先写天窗在"夏天阵雨来了时"带来的慰藉，再写天窗在"晚上"带来的慰藉。而先写偶然发生的，再写经常发生的，也可以看出孩子们的"活泼会想"。

最后，作者赞叹了天窗对孩子们来说的"神奇"作用。从"无"中看出"有"，从"虚"中看出"实"，总结了孩子们在看天窗时产生的"虚无"的想象中，体验到了被自己的想象放大的"真实"经历，得到了慰藉。因为天窗令孩子们虽然身在屋里，心却随着"雨脚"在"卜落卜落跳"，在跟着风雨雷电"扫荡这世界"，在月光下的草地河滩上数着"无数"星星和奇幻多姿的云彩，在追逐那蝙蝠，在听夜莺唱歌，甚至被那"恶霸似的猫头鹰"吓一跳。这联想将生活中的经历一并呈现或夸大出来，天窗的价值在"活泼会想"的孩子身上彻底体现了。这时候连"天窗"这个名称，也仿佛有了特别的意义，也好似一扇心灵的窗户。

教材中这篇文章的训练重点是归纳课文主要内容。本篇课文的位置处于语文课本末尾，学生们已经掌握了归纳课文主要内容的要求和方法，因此本课教学重在引导学生运用已经学到的归纳课文主要内容的方法来实践，从而促进学生将学到的归纳方法转化为归纳能力。

本课4至7自然段既是理解课文最后一句话的基础，同时在表达上也最有特色：4、6两个自然段虽然都写孩子们在封闭于屋里的情况下只能通过看天窗得到"唯一的慰藉",但两种情况不同——"夏天阵雨来了时"是偶发的、"晚上"是经常的;抒发的情感也有深浅,第4自然段用句号结尾,而第6自然段用感叹号结尾。5、7两个自然段虽然都写孩子们透过天窗看到和想到的事物,但顺序不同——第5自然段先整体写看到的情景,后写整体的想象,第7自然段由先后看到的事物写到先后的想象;5、7两个自然段语言表达也最有特色——第5自然段用"雨脚"突出孩子们在雨天渴望出去玩耍跑跳的心情,用"这雨,这风,这雷,这电……"的短句子来表现想象中天窗外的事物速度快、威力大;第7自然段用"一粒星,一朵云"准确地表达出孩子的视角,用"无数"表现了孩子们由少想到多,由静想到动的丰富想象,用排比的句式富有节奏地写出了夜晚孩子们"展开"想象时的舒缓、轻松和惬意。正因为4至7自然段有上述特点,所以将这部分内容作为本课教学的重点。

文中的"因为活泼会想的孩子们会知道怎样从'无'中看出'有',从'虚'中看出'实',比他所看到的一切更真切,更广阔,更复杂,更实在!"这句话,学生很难读懂。因此,指导学生联系上文读懂这句话是本课的教学难点。这对孩子发现语段之间的联系、体会作者前文的表达意图和积累写作经验都有帮助。文章的语句时而简练,时而多彩,时而深邃,丰富的句式与表达内容关系密切,非常适合朗读。恰当的时候指导学生朗读,不仅能助推深入品味语言,还能达到积累名家语言的目标。茅盾写孩子们看天窗得慰藉的部分,四段文字似同而存异;引导学生去比较、发现,就能循着作者的思路去体会表达意图。总之,在精读片段过程中,需要朗读、交流、比较相交织,来逐步引导学生理解内容,推敲词句和体会表达。

对于现在的孩子们来说,他们手中的手机、平板,不也是他们去看世界、生联想的"天窗"吗?因此在教学中怎样拉近文本与现实孩子们的距离,是引领孩子们入境体情、品味语言的关键。围绕《天窗》这篇文章"意领文,文传意"的特点,教学过程旨在帮助学生逐渐建立起一种阅读的整体思维。本文既有能够启发学生们如文中的孩子们那丰富想象,即发展形象思维的价值；同时又有能够引导学生发现文章内部的语言联系，即发展逻辑思维的作用。在归纳、朗读和比较等过程中，对于学生将阅读联系到习作，亦能有一些潜移默化的影响。

二、品读语言，开启慰藉心灵的"天窗"

在展开课堂教学之始，我揭题后问："'天窗'这个题目如果让你写，你会先写什么？后写什么？"这一问，既是联系学生平时习作谋篇布局的思维习惯，又在引导学生经过比较，发现茅盾先生笔下"天窗"的时代特点。第一位男生说，他会先写天窗的来历，再讲讲天窗的作用。接着补充的同学说，还得写写天窗给当时的孩子们带来了什么。学生们的回答不仅流露了他们预习时对内容的了解，更体现了他们对文本的距离感——自己并不是文中的"孩子们"，而是一位读者、旁观者。这样的孩子们在课堂里，怎会与文本亲近，真正体验到品味语言的经历呢？

在整体感知课文内容的第一环节，我通过"提出自读要求、反馈思考结果、归纳主要内容、点拨评价方法"落实了本单元归纳课文主要内容的训练重点。而在归纳课文主要内容的过程中，学生们对"天窗成了孩子们唯一的慰藉"的表达显得熟练而生疏——嘴上说得熟练，内心却形同陌路——因为如今的他们，怎会需要一方小小的天窗来获得慰藉呢？甚至可以说，如今的孩子们心底又几时真正地需要慰藉呢？所以，作为老师的我，该将课堂里的孩子们和文本中的孩子们牵系起来！

紧接着，我让孩子们想一想：为什么天窗给孩子们带来的慰藉是"唯一"的？并出示了设计的填空：

夏天阵雨来了时，孩子们被大人（　　　），就不能（　　　）；晚上，孩子们被大人（　　　），就不能（　　　）。他们更不可能像如今的我们一样可以（　　　）。他们只能在（　　　）的屋子里，（　　　）！

"一石激起千层浪"，孩子们的讨论沸腾了。他们联系文本内容和生活经验议论纷纷，说了一连串"如今的我们可以……"而此时他们也终于体会到"唯一的慰藉"的真正含义。在这样的基础上，为品味语言做好了准备。从内心里，他们已经试着将自己"变"成文中被关在封闭、黑暗的屋子里，只能望向天窗展开联想的孩子们了！学生们接着说："正因为看天窗给孩子们带来的慰藉是'唯一'的，所以他们看天窗时会格外专注、投入，产生的联想也格外丰富。"在这一问题的交流中，孩子们自然地体会到了作者在结尾处赞美天窗时"啊唷唷"的感叹、用"神奇"一词时的心境以及对"发明天窗的大人们"发自内心的"感谢"！

在读作者对天窗赞美的语句中，学生们对"从'无'中看出'有'，从'虚'中看出'实'"又产生了疑问，这既有句意上的疑问，也有表达形式上的疑问。这就要咱们联系上文去朗读和体会。我和孩子们配合读了课文第5和第7自然段，引导他们读作者写当时孩子们联想的内容。学生们读到的这些场景，是当时孩子们通过看天窗联想到的，因为是想象出来的，当然是"无"的，是"虚"的。我接着引导学生："但是，这些事物并非天马行空、胡思乱想，而是他们在生活中曾经……？"学生们立即反应出："是他们在生活中曾经看见过、听见过、经历过的。"这就打通了"无"到"有"，"虚"到"实"的难点。还有学生补充"这些想象中的场景比他们曾经看到的更大、更多，所以茅盾先生写他们从'无'中看出'有'，从'虚'中看出'实'。"此时再读最后一句话，课堂里的孩子们，也几乎要成为文中"活泼会想"的孩子们了。

在通过对"唯一的慰藉"的理解拉近了距离，通过"无有虚实"的联系打通了理解之后，品味语言就水到渠成了。而我的策略是随着孩子们进入文本的体验，通过比较、朗读来进入那"小小一方的空白"开启的无限丰富的世界。我引导学生们发现第5和第7两个自然段同样是写孩子们看天窗产生的丰富想象，都给孩子们带来了唯一的慰藉；但这两次联想给孩子们的感受一样吗？学生们先读了第5自然段，交流道："这一段话表达了孩子们当时感受到的猛烈和内心的欢快"。这样的交流是淡而无味的——要通过朗读来表现出来！学生们在读第一句时，强调了"雨脚"和"卜落卜落跳"，但读得不够活泼。我提示他们联系上文的词句来体会这里表达的精彩。学生们读了上文后马上发现："因为孩子们顶喜欢在雨里跑跳，所以他们眼中的雨点也有了生命，也在跳，这也好比自己在外面撒欢，因此虽然自己没出屋子，也像是享受了雨里的欢快了！"这一答，将文字的生命力读懂了，再读这句话，学生们两脚也卜落卜落地点着地板——他们现在不就是那暴雨中望着天窗的孩子们了吗？随之再读"猛烈扫荡世界"的风雨雷电，学生们先读得节奏鲜明，我在评价中提示学生："你的朗读如同春天的和风细雨，还没达到文中孩子们所想象的狂风暴雨的猛烈！"接着一位男生一鸣惊人，读得气势磅礴！可见他已经随着孩子们见到的风雨雷电，正在扫荡那世界了！抓住这一契机让男生们来齐读这一段，果然将文中孩子们的感受淋漓尽致地表现了出来。也许读着文章的他们，也不由自主地成为那些孩子的一分子了。

下一个自然段，我引导学生用刚才学习的方法来实践，进行自主学习。我原本预设学生们会读出第7自然段给孩子们的感受是恬适而舒缓的，结果在交流时，学生们的体会不止于此！第一位女生脱口而出"这一段给孩子们的感受是梦幻的！""梦幻"一词，可见虽然身在课堂，他们的心已随着茅盾先生的文字畅游在星夜中啦！在交流这一段的自学成果时，我不再多作朗读上的指导，学生们将文中孩子们在星夜透过小小天窗看夜空的联想读得如梦似幻，使我也不由得感到自己身处月光下的草地河滩，仰着脸看着那奇幻的夜空了！这是茅盾先生语言文字的魅力，是学生们身临其境的体验呈现，更是文本与语文课堂交织互融的美妙境界。当我和学生一同再朗读课文时，感受到的是文字已穿透了时光，联通起了茅盾先生笔下与当下的世界。

三、阅读课堂，经历思维发展的体验

朱作仁先生曾在《小学语文教学法原理》中描述阅读教学启发孩子形象思维的三种水平。第一种是"对文章所描述的局部表象的再现，是再造型的想象——读着文字，在头脑中再现过去感知过的事物的形象"。也许在本堂课中，学生们在体会天窗给当时的孩子们带来"唯一的慰藉"时，便经历了一次这一类思维过程，他们结合自己生活经历的再现，来体会了为何天窗会给那些孩子们带来心灵上的唯一抚慰。

第二种是"在再现形象的基础上揉进自己的想象，是带有创造性想象成分的发展水平"。本堂课中，也许当孩子们读出文字中的"梦幻"时，他们不仅又体验了一次与文中孩子们一样的想象，还在脑海中产生了结合自身的创造性想象吧！

第三种是"由形象到抽象概括的水平"。当学生们再去读"活泼会想的孩子们会知道怎样从'无'中看出'有'，从'虚'中看出'实'"时，也许还不能用精准的语言表达茅盾先生语句的意思，却确实能够理解这句抽象的话的形象含义，因为孩子们已经在课堂中经历了一次同样的体验！

《天窗》这一课的教学能够为学生们开启一次独特的课堂体验，除了教学设计之外，得益于茅盾先生语言的精妙。可在语文教材的茫茫课文中，怎样运用好各种文例，让学生们能够在语文课堂中真正走近文本、充分地发展语言、得到能力提升，是改进课堂教学需要持续思考的问题。由衷期望本课例会给同行们带来一些从"无"到"有"，从"虚"到"实"的小小启发。

关注学习经历，夯实批注教学
——《牛和鹅》教学例谈

统编小学语文教材在四年级上册第六单元的语文要素中提出了"学习用批注的方法阅读"，这是小学阶段语文学习第一次要学生"正儿八经"地开始学批注。从整体上看，这是学生从中年段语文学习向高年段过渡中的重要一环；从长远来看，这是学生在将来的语文学习中必须具备的重要技能。《义务教育语文课程标准》（2011年版）在课程总体目标与内容中提出，要"在实践中学习和运用语文"，要"具有独立阅读的能力，学会运用多种阅读方法"。用批注的方法阅读，学生就能很好地外化阅读的情感体验，发展感受和理解能力，使阅读体会有迹可循，从而更全面地发展语文素养。怎样让孩子乐于用批注的方法阅读，养成阅读中运用批注方法的好习惯，形成能力发展的良性循环？教师就需要掌握策略，用好这个单元，一步一步去激发孩子写批注的兴趣，在实践中发展孩子写批注的能力。

这一单元的第一篇精读课文《牛和鹅》，作者任大霖写了自己儿时的经历：孩子们因先入为主的认识而欺牛怕鹅；后来自己被鹅追打，见到鹅被金奎叔轻易制服；听了金奎叔的话后，明白了不该欺软怕硬，从此改变了对牛和对鹅的态度。文章语言幽默，童趣十足，结构巧妙，在一件事的前后分别写出对比鲜明的态度。本文仅以《牛和鹅》的第一课时教学为例，来讨论提升批注教学的有效策略。

一、经历全过程，逐步稳落实

在揭题导入伊始，教师引导学生读题思考：这篇文章拿两个动物来做题目，中间加了个"和"字，猜一猜可能会写什么？学生的交流大致分为——文章可能是介绍这两种动物；文章可能是写作者与牛或鹅发生的不同事情。此时，请学生在课题上圈出"和"字，在不经意间走出批注的第一个"小步"，用圈画记录了初读前的思考。

初读课文时，教师请学生边读边思考：文章哪些部分写到了牛？哪些部分写到了鹅？哪些部分两者都写到了？在相应的段落旁写一写"牛"或"鹅"。这就顺理成章地根据整体感知内容的需要，用标注来理清了文路。在此过程中，孩子要写的不多，高效地把长文章读"短"了。心理上轻描淡写地化解了学生对"写"的畏惧。

精读片段品味语言的过程，是这堂课"用批注的方法阅读"的主体。首先承接对主要内容的感知，讨论作者写孩子们开始时怎么对待牛和鹅。学生们在朗读后，概括为：对牛——"欺"；对鹅——"怕"。在教师板书时，不少学生自主地把这两个字写在了相应自然段的后面。为什么？其实是前两次不露痕迹地批注指导的延续——学生们思考了课题，找到并标注了段落内容，在大致读懂段意后，自然地写下了对内容的补充。

接着，师生交流作者是怎么写"欺牛怕鹅"的。先学习三、四两个自然段："圈出表示动作的词，从这些动作中，你体会到什么？和同桌交流交流你的学习体会。把你的体会用一两个词或一个短句子写在这段话旁的空白处。"这个学习要求是本堂课"正式"地教学生开展批注实践，把从自读到圈画，从圈画到思考，从思考到交流，从交流到记录的整个过程简洁、明确地告诉学生。学生实质上在阅读作品，体会表达效果，而行为上呢？是在实践"用批注"。

当学生通过这个片段的学习获得了一段相对完整的批注经历后，教师小结学法：读文章可以这样，读一个自然段，想想它表达的意思；用符号圈画词句，从这些词句中读出了感受，有疑问或者读懂了一些写法，等等，可以用词或短句子写在其旁边，这就是"批注"。同时"乘胜追击"，学生们自主、合作开展后一个片段的学习，把刚学到的批注方法在阅读实践中再次去得到强化。遵循了能力形成的规律，学生们在这堂精读课上才真正获得了用批注阅读的经历。

在作业布置中，继续创造批注实践的机会：在课后试着用批注的方法预习第五至十五自然段。到第二课时，学生们就能带着第一课时学的批注方法，来继续精读作者重点写的那件事。

在这堂课里，学生经历了从仅有的零散圈画经验，到逐步将批注运用到阅读过程中，在教师的指导点拨下获得了具有"新鲜感"的阅读体验。

二、单元间联系，多角度激活

除了关注单元整体和课堂中阅读经历、方法习得外；联系各单元语文要素，特别是学生已获得的学习经验来融合到用批注阅读中去，是这堂课的另一尝试。

在精读文章第一、二自然段时，教师先与学生交流：老师在读这两段话时是这样批注的——为什么此处用分号？冒号后面为什么不加引号？"我们都很相信这句话。"这句话为什么要单独成一段？接着，请学生们读读这两个自然段，帮老师想想这些疑问，把思考结果写在问号的旁边，也可以提出自己的疑问。这是一次师生合作学习的过程。师生在课堂上非常融洽、投入。老师在阅读学习中陪伴着孩子们一起读、一起悟、一起写。从教学意图上看，其实还联系了本册教材第二单元的语文要素——阅读时尝试从不同角度去思考，提出自己的问题。

用批注的方法阅读，呈现出来的是高质量、有思维、有碰撞的学习过程。比如对"欺牛"这部分的交流，有的学生体会到这是孩子友好的试探，感觉跟牛很亲近；有的学生感觉他们对牛很过分，牛很可怜、老实；有的学生写下"得寸进尺，欺牛太甚"等词……在交流的过程中，教师再适时地分享自己的见解和写下的批注。从心理上看，学生们从批注中得到了从未有过的阅读"获得感"，从批注中尝到了甜头。

"得能莫忘"，在语文学习中不断调动已有的学习经验从而带动语文素养协同发展是必要的。在合作交流的过程中，学生们不仅体会到语段表达的意思，更打开了去发现表达形式和表达效果的思维，从而明白了批注的内容可以是多角度的，可以是"自由"的，可以是多层次的。学生们先写再说，在思考的过程中先相对独立自主，在交流中又能获得更多角度的体会，这就使得阅读渐入佳境。

三、实践在主体，评价巧助力

学生是学习的主体，而在阅读过程中去运用批注的方法则需要教师适时地指导和巩固，点拨和启发思维、激励和维持兴趣。因此，精读教学中的各个学习要求、各阶段的小结联系、各种交流反馈的及时评价都是提升效率、助力学生"得能"的必需。

尤其当学生在实践中即时生成了高质量的批注：课堂中，有两次学生的交流令人印象深刻。一次是在讨论作者怎么写孩子们欺负牛时，一位学生说："作者写孩子们怎么对待牛是有先后顺序的，先写他们怎么去惹牛，再写牛的反应，这样就让他们更加得寸进尺。最后还写连自己这个胆小的人也敢动手，充分写出了牛的老实。"多精彩！这位学生读到的不仅仅是意思或者是词句的表达效果，更读到了一段话的写法，读懂了这段话里几句话之间的关系！教师要在课堂上及时地肯定，并点拨其他同学更多地去关注表达。这是课堂评价意识所"捕获"的，更是批注的本身过程所产生的阅读实效。另有位学生在交流作者写鹅这段时说："鹅这个时候已经不是鹅了，而是'魔鬼'，是恐怖的代名词……"这是对文中人物或事物的一种评价。此时教师及时地回应："你们看，我们在阅读中不但能交流感受，批注体会到的意思、写法或问题等，还可以写写自己对作品中人物或事物的评价！这样读书真有意思！"

在评价助力下交流用批注阅读的过程，就像本堂课后吴忠豪教授点评到的：语文老师要"多长一个眼睛"，去发现学生表达中的精彩，帮助学生汲取语文的营养。

　　用批注的方法阅读，对孩子来说是充满新鲜感的。我们对批注教学理应考虑得更充分一些，做得更扎实一些，注重学生们阅读中的个人体验、交流碰撞和相互启发，像伙伴一样和学生们一起充分地开展实践。为达"向来枉费推移力，此日中流自在行"之境，让学生在提升阅读能力、发展语文素养、热爱语文学习的道路上有"批注"这一技傍身。

　　本文2020年11月发表于《小学语文教师》总第401期

教学杂谈

简实扣要素，趣教小古文
——《精卫填海》教学例谈

　　《精卫填海》是节选自《山海经·北山经》的一篇小古文，是中国古代神话故事的经典之作。课文用简短的几句话，说清了精卫填海的原因和填海的表现，表达了中国古代先民对生命和对大自然的认识，使人感受到中华民族面对无情的大自然时，所表现出的顽强不屈和坚韧品格。

　　本文在教材中的第四单元，这个单元的语文要素是"了解故事的起因、经过、结果，学习把握文章的主要内容"以及"感受神话中神奇的想象和鲜明的人物形象"。这个单元的"快乐读书吧"也推荐孩子阅读神话故事。本单元课文共选了三个中国神话和一个古希腊神话。其中三个中国神话都能让人感受到中华先民对自然的认识和态度，也反映出中华民族血液中不屈不挠的精神品质。容易激发学生的文化认同，同时在阅读中提升审美情趣。

　　基于语文要素，这篇小古文可以让学生在读通的基础上，借助注释和老师的讲解、凭借已有的生活经验和阅读经验，与讲故事结合起来，把握文章主要内容。同时，对神话中"神奇想象和鲜明人物形象"的体会，可以抓住文本表达来设问，引导学生发现"故为精卫""常衔""西山"和"东海"等词句中蕴含的神奇与智慧，从而让孩子对文言文学习产生浓厚的兴趣。在语言积累的同时，得到思维的发展，形成文化的认同，发展语文素养。

根据单元要求和教材特点，我在教学前确定了这样几个教学目标：自主学习生字词，认识"帝、少、曰、溺、返"，读准多音字"少"，正确书写"填、曰"；正确、流利、有感情地朗读课文，背诵课文；能根据注释和译文理解文章的意思，感受课文中蕴含的神奇想象，体会女娃化身精卫坚持填海的坚韧品质；在读懂文章大意的基础上，用自己的话讲讲这个故事，感受中国古代神话故事的魅力。

一、设疑激趣亲文本

《精卫填海》的故事对于四年级孩子来说并不陌生，那么怎么激发他们学习本文的兴趣，奠定学好这篇小古文的基础呢？孩子们课前可能会觉得这个故事自己已经听过，而且这篇文言文只有短短两句话，对学习本文的求知欲并不是非常强。

我基于这两点，首先试图通过区别于传统教学的设计来激发学生学习的内驱力。首先，我在黑板上板书课题和全文，接着故意问孩子有没有听过这个故事。不出所料，大部分孩子都听过。随后，我描述了一个"出土古籍"的虚构情境，激发孩子亲近文本的强烈好奇。在还没有读之前，让他们发现这篇短短的文言文也有许多值得学习的地方。组织孩子们小组合作给文章断断句标标点，再请代表来黑板上标一标，交流交流。这个过程并非要追求理解的准确，而是让他们初读文章就能调动已有的经验，特别是通过对句子构成的感知来解决问题。

在共同解决疑惑和阻碍的过程中，孩子们和这篇小古文的距离一下拉近了。借用"出土古籍"的"残破"现状，来填补本课要学习的生字并说说理由，既有趣，又让孩子把字音、字形和字义联系起来记忆，提高了教学效率。

二、读书百遍其义见

在经过合作和交流，初步解决了生字和标点的问题之后，就要读通这篇小古文。这一过程我的教学求简求实，唯"读"而已。

先跟老师读。读的时候，第一遍我读到标点，学生跟读；第二遍我读一整句话，学生跟读；第三遍我读全文，学生跟读。再指名反馈是否做到了读准字音，读通全文。在这个过程中，每一遍的读都发挥着不同的功能。读到标点这一遍，学生潜移默化地听范读明确了停顿，且不刻意。平时经常有先画停顿符号再读的做法，并不是不可取，但浪费了宝贵的课堂时间，同时也会让学生把句子读"死"了。读句子这一遍，站在第一遍的基础上往前一步，学生会在听和读的过程中产生一种模糊理解，领会句子表达的意思。第三遍读全文，我在听的过程中就能够感受到学生既把文章读对了，也真正读"通"了。最后小组比赛读，把"读通"夯得更实。

在几分钟的时间里，学生通过简单却不单调的听和读，含咏文章十几个"来回"。无须过多的讲解，感知内容和理解大意自然而然地在孩子们心中"生长"。

三、品味语言感神奇

精读之前，我先用了一个连线练习来检测学生"读书百遍"的效果，把文章的大致意思读懂。在此基础上，就要落实本单元的要素——感受神话中神奇的想象和鲜明的人物形象。

我首先出示要求，组织孩子去读文并圈画自己感受到的神奇之处，先在组内交流交流，再指名反馈。在师生交流过程中，孩子们联系生活体会到"为精卫"这三字中包含的神话故事对人的生死转化的神奇想象；抓住语言体会到"西山"和"东海"两词中蕴藏着古人对自然地理的神奇设定；更结合中心体会到一个"常"字表达出的精卫身上坚持不懈、坚韧不拔的精神品质。这个过程，把这篇文章单元人文要素和语文要素双线并行的特征通过教学让学生感悟到了。同时，我在交流中还关注引导学生产生文化认同，提升对语言文字和人物品质的审美领悟。

经过理解和比较充分的交流，我让孩子初步试讲这个故事。这不仅是为了照应课后要求，达成教学目标，也是为了检测学生对文章内容的把握。学生在讲的时候能够紧贴这篇文章，同时加入交流中获得的理解，表达出对精卫的认同和赞赏。

四、讲好故事悟智慧

在一位学生试讲之后，我没有立即让其他学生自由来讲，而是抓住评价的契机，让学生发现优缺点。接着听老师示范讲故事，由学生来评价。孩子们在听的过程中获得了老师对文章的拓展补充，在评价中梳理了讲好这个故事的方法。

为了将理解和体悟进一步转化为表达，我让孩子们先在小组内和同伴讲一讲故事，在实践中继续发展表达能力。之后，请小代表再来台前展示讲一讲，组织学生互评。这一次讲，是对整堂课学习进行较为综合全面的回顾和巩固，不仅能够反馈学习这篇小古文的积累、理解以及体会"神话故事神奇的想象和鲜明的人物形象"的情况，也能引导学生产生了解中国古代神话故事的兴趣和向往。我在评价中也继续去启发学生体会女娃化身精卫坚持填海的坚韧品质，感受中国古代神话故事的魅力，由衷产生文化认同。

此时一齐背诵课文，孩子们才实实在在地在这堂课里从"读通"走到"读懂"，从"读懂"直至"读好"。

课堂总结中，我顺着学生的感悟，引出几个中国古代神话故事的题目，点拨他们比较中外神话，感受中华民族在神话故事中寄托的祖先勇敢与大自然抗衡的坚强品质。最后再点课题，通过"精卫"之渺小与"海"之巨大的强烈对比，加深学生对其顽强毅力的深入体会。

这一篇小古文的教学，我在设计上力求做到删繁就简，让每一个教学活动都能够更加有效地为教学目标服务。同时，也尝试将单元要素的落实和这个单元的特点在教学当中得到体现。无他，唯简也，唯实也。

本文课例为全国小学语文教师素养大赛获奖者2021年展示课

教学杂谈

教育戏剧催化下的读写转化

在戏剧作文课程的实践研究过程中，我们的课题研究团队已经根据不同年段特点，梳理出看图写话、命题作文、剧本创编等戏剧作文课堂教学基本模式，以巩固实践研究的成果并借以提升习作课堂教学效率。这几类教学主要是对于整篇文章的写作而言，而"片段训练"是我们在实践研究过程中重新发现并关注到的，其正是课程标准中"读与写有机结合，相互促进"的重要载体。

朱作仁先生在《小学语文教学法原理》中指出："小学作文训练必须按照循序渐进的原则，从部分到整体……通过写片段提高学生的写作能力。片段训练侧重于局部、部分的练习……"在进行片段补写、续写教学中，可以有效引导学生读中悟写，以读促写，在教育戏剧元素的"调味"下充分调动学生写作的内驱力，有效地促进学生理解内容、体会表达、联系想象、发展表达能力。

一、引入——聚焦语言

针对训练重点来选好文本是片段训练的第一步。如选取沪教版五年级下册的《穷人》一课来开展补写和续写，就很好地关注到了文章的表达特点，并恰当地将其转化为课堂训练重点。

课堂引入时，老师在引导孩子简要回顾《穷人》的表达中心后问：

"课文中是如何表达桑娜抱回孩子后复杂的心理的？"这个问题聚焦到了语段表达特色上，使学生调动阅读经历，关注语言表达，直指补写的教学目标。

在进行续写训练前，老师出示了课文中桑娜和渔夫对话的语段，问："作者在表达这段对话时，有什么特点？"学生交流出"作者把提示语放在了不同位置""每个人说的话都单独成段"这两个表达特点。同样，学生们在调动起阅读经验的同时，明确了续写时要运用的表达方式。

可见，这堂课的两个片段训练，其"引入"都直切语言表达，是高效的。

二、"工具"——表达形式

学生关注语言、读懂表达是阅读课上已经达成的目标；那么怎样将读懂的表达转化为自己的能力，就是习作指导中的关键。

在补写指导中，老师先组织学生交流"桑娜当时的心理是怎样的"，再说"作者巧妙地运用了一个标点把这一系列复杂的心理连接了起来"，引导学生重点关注省略号的表达效果。继而出示"渔夫皱起眉，他的脸变得严肃、忧虑"来落实"用上省略号写出渔夫当时的复杂心理"的补写目标。学生们从以往的重点关注内容——即人物心理，进一步学会了怎样用合适的标点符号表达出复杂心理。这就真正达成了《课程标准》中要求的"根据表达需要，正确使用常用的标点符号"的目标。

在续写指导中，老师将提示语放在不同位置引导学生进行比较，学生读出了提示语放在中间所表达出人物心理的犹豫；通过问"为什么没有提示语"和配合读对话，使学生体会到了没有提示语所表达出的急切、担心。在这个过程中，学生读懂表达形式有一个细节，就是近似于表演的读。在读中体会到作者写对话时运用的表达形式是能够准确地营造出情境的。至此才算真正体会到提示语的表达效果。老师再进一步提出"续写渔夫看到桑娜抱回的孩子后他的表现和夫妻俩的对话，注意提示语中的神态、动作、语气等"，落实了用好提示语续写结尾的片段训练目标。

假如用教育戏剧的专用名词"工具"来说，我们发现片段训练的重点就是寻出作者所用的"工具"，并"拿起来用"，在这堂课"用"的实践中，学生实实在在获得了这两种表达形式。

三、拓展——启发思维

"思维的发展和提升"是语文核心素养之一。在补写和续写的片段训练中，重要的思维启发就在于联系上下文展开合理想象。

在补写指导中，学生对于"桑娜当时的心理是怎样的？"这个问题开展交流，说出了"恐惧、后悔、紧张、坚决、自责、担心"等丰富的词语。老师在交流过程中的点拨蕴藏着思维发展的秘密——"桑娜恐惧什么？哪里看出她后悔？说自己'活该'是种什么样的心理？"等问题无不引导学生联系上下文去思考，同时对人物的品质又会产生一种更深的体会。有人可能会问：那么这些问题与补写又有什么关系呢？其实，这一讨论交流的过程，就是学生自主补写渔夫"严肃、忧虑"时的思维的过程。学生们在获得了表达形式后，最重要的就是用这些思维经历来充实内容，完成自己的习作片段。

在八分钟的写作时间里，一位学生完成了这样的片段——

"渔夫皱起眉，他的脸变得严肃、忧虑。这怎么办？要把他们留下来吗？家里已经够穷苦的了，再加上西蒙的两个孩子，真不知道会怎么样……可……这虽然会使我的压力变大……但……他们无家可归，多么可怜啊……我要把他们收留在家！哪怕会越来越辛苦，哎……我们一定会熬过去的！'桑娜，快去把他们抱回来，快去！一刻都不要迟疑！'"

这位学生不仅用上了省略号来表达渔夫复杂的心理，同时写出了穷人的勤劳和善良，凸显了文章的表达中心，更可以看出她能联系上下文进行合理想象，就连省略号的位置也与思维过程相符。在另两位学生的交流中也同样体现了教学目标的达成。

四、补充——示范评改

这堂课的示范评改过程，重点放在补写片段上，主要出于这样几方面考虑：第一，补写是这堂课的初写，要重点关注语言表达和书写规范；第二，补写的内容要用省略号，除了要检测反馈标点符号的正确运用，更要进行适当的解读来落实好评价的激励和指导作用；第三，为之后的学生自改和续写结尾做出必要的修改示范。

老师在评价一位学生的片段时说："我看到了这段话里渔夫的三颗'心'——对桑娜的关心、对孩子的不忍心和对生活的决心！这样复杂的心理通过这些省略号表现得淋漓尽致。"同时，老师还评价了学生的书写和读片段的语气。

从教育戏剧的角度看，这种"补充"是多维的：有心理上的激励，有方法上的指导，有规范上的要求。

五、立体——交流展示

根据课堂时间布局，老师巧妙地将交流展示重点放在续写结尾之后。对话写得好不好，演一演便知。

此时演有几大好处：首先是有效的对话描写反馈，对自己写的神态、动作和语言等做出综合表现，从而发现自己的描写对凸显中心来说是否合理；其次是对孩子自信表达的一种鼓舞，这对孩子克服"习作难"的心理来说是尤其可贵的；另外是参与面广，每个孩子都能在演或观的过程中审视自己的写作片段，从而有效促进修改，这也是符合习作教学规律的。

《穷人》补写、续写指导是小学五年级的高年段课例。对于戏剧作文整体架构来说，中年段也可以根据年段要求选择合适内容来开展片段训练实践研究。"天下同归而殊途，一致而百虑。"总之，教育戏剧应用于习作教学，在融通渗透中逐渐成为读写转化的催化剂，其根本是要在实践研究中关注学生的语文学习效能和语文素养的发展。就像《课程

教学杂谈

标准》中表达的："写作是运用语言文字进行表达和交流的重要方式，是认识世界、认识自我、创造性表述的过程。写作能力是语文素养的综合体现"。

本文2019年12月发表于《小学语文教师》总第390期

课堂撷录

能力要在实践中才能形成和发展。

——马克思

《唯一的听众》课堂教学实录

师：同学们好。

生：老师好。

师：请坐。听听老师念一首诗，想一想这是哪个人写的。一去二三里，烟村四五家。亭台六七座，八九十枝花。谁写的？

生：田老师。

师：田老师，还记不记得是哪篇课文中写的？

生：第一课《老师领进门》。

师：听老师来背一段——"我就是刚才介绍的大仓，名字叫大仓，可家里既没有大仓库，也没有小仓库，只有一间小板棚似的草房。家里很穷，是吃大麦饭长大的。不久前刚从学校毕业，今年二十二岁，请大家和我交朋友。"这说的是谁？

生：大仓老师。

师：是在课堂上维持公正的大仓老师。还有一句，（这个世界上只有最后一排的座位，但永远没有坐在最后一排的人。）

生：《坐在最后一排》。

师：哪位老师？

生：白老师。

师：今天我们要继续认识一位人生的引路人。一起来读一读课题第二十八课。

生：第二十八课《唯一的听众》。

师：带着怀念的感觉再来读一读课题。

生：第二十八课《唯一的听众》。

师：再带着尊敬的感觉来读一读课题。

生：第二十八课《唯一的听众》。

师：我听出里面的区别了，请大家把书打开。给大家三分钟半的时间来默读这一篇课文，现在开始，想一想课文主要讲什么内容？注意一行一行地扫视。

师：时间到，都读完了吗？

生：读完了。

师：看来大家默读速度提高了。这篇课文按照起因、经过、结果的顺序，可以用五句话来概括。起因一句话，谁来把它说清楚？作者因为什么所以去？

生：作者因为爸爸和妹妹嫌弃他拉得难听。

师：拉什么难听？

生：拉小提琴拉得难听。

师："嫌弃"这个词我非常欣赏，爸爸和妹妹嫌他拉琴所以去——

生：所以去小森林？

师：小森林？

生：小树林。

师：所以去小树林干什么？

生：拉小提琴。

师：两个字就行了。

生：练琴。

师：请坐。王明鹤说作者因为爸爸和妹妹嫌他拉琴拉得难听，所以去小树林练琴，还有没有其他的说法？王明鹤说得不错。

生：作者因为家人厌恶他拉小提琴。

师：你用了一个更加严重的词语。作者因为家人厌恶他在家拉琴，所以去——

生：所以去小树林自己默默地练琴。

师：你后面一句加了一点，所以去小树林自己默默地练琴。也把起因说清楚了。请坐，还可以更加简洁一点。

生：作者因为家人对他练琴的否定，所以去小树林偷偷练琴。

师：作者因为家人对他拉琴的否定，所以去小树林偷偷练琴。好的，王子豪（音）更加简洁了。请坐。怎么说才能更加简洁呢？很简单，作者因为不敢在家练琴所以去小树林练琴。经过可以用三句话，第一句话作者在什么时遇到……

生：作者在小树林练琴时遇到了老人。

师：作者在小树林练琴时，紧接着上一句话，遇到了老人没把老人的特点讲出来？

生：遇到一位极瘦极瘦的老人。

师：你说的是老人她身形的特点，但不是她的主要特点。

生：装耳聋的老人。

师：这下说对了，遇到了一位装聋的老人。请坐，为什么你知道她是装聋的？

生：因为后面写了。

师：因为你读过课文了。作者在小树林练琴时遇到了一位装聋的老人。已经说得很清楚了。那接下来呢？作者在什么下渐渐地……？

生：作者在老人的指点下渐渐把琴练得很好听，都可以在文艺晚会上演奏了。

师：你说得太靠后面了。作者在老人的指点下，这半句说得非常好，渐渐地怎么样？还没到结果呢？渐渐有了……？

生：信心。

师：渐渐有了信心，还有了什么？琴技有了进步，这样给你补充了，把这句话再说清楚。作者……？

生：作者在老人的指点下渐渐有了自信，琴艺慢慢提高了。

师：琴艺也……三个字进步了。好的。王娜请坐。经过了最后一句话，作者得知了什么？仍然继续怎么样？还有谁没说过的？张润杰来说说看？

生：作者得知了老人是装聋的，仍继续为她弹琴。

师：为她？也不能这么说，说得那么绝对。作者得知老人是装聋的，说得不错，仍继续到……？

生：小树林？

师：到小树林干什么？练琴。再加一个时间更好。仍继续在每天清晨。好，张立连起来说一说。作者……？

生：作者得知老人是装聋的，仍继续在每天清晨到小树林里练琴。

师：说得一清二楚，请坐。这个故事的结果可以这样说，作者后来……但依旧……曹广（音）来说一下。

生：作者后来在各种文艺晚会上面对着很多观众，成百上千的观众拉琴，但依旧想起……

师：会想起……

生：但依旧会想起那位装聋的老人。

师：好的，曹广把意思说清楚了，还可以更简洁一点吗？作者后来……三个字就行了。成什么了？成名了、成功了。曹广这样说，作者后来成名了。

生：作者后来成名了，但依旧会想起那位装聋的老人。

师：好的，这样说就清楚了，请坐。接下来难度提高了，谁能把这五句话连起来说一说，完整地把故事内容给大家说清楚？这个难度很高，自己可以坐在位置上先说说看，作者因为什么……？每位同学自己都说说看。注意上下句的衔接要连贯。

觉得有信心说吗？好，我请一位同学来说一说，其他同学可以为他补充，这位同学应该说很有胆量的，黄裕铮（音）来说一说。看着黑板说。

生：作者因为家人否定他拉琴的技术，所以去树林里拉琴。

师：练琴。

45

生：练琴。当他在小树林里练琴时……

师：黄裕铮为了避免这个句子重复，他不再说作者。当他在——

生：小树林里练琴时，遇到了一位耳聋的老人。

师：遇到了一位装聋的老人。你说耳聋……

生：耳聋上要加个引号。

师：对。你说的，要加上引号。

生：在老人的指点下，他拉琴渐渐有了进步。

师：他拉琴渐渐有了进步，也渐渐有了自信心。

生：作者得知老人是装聋的，仍旧继续去练习。

师：作者得知她是装聋仍继续去练琴。

生：后来作者成名了，但依旧想起那位"耳聋"的老人。

师：好的。黄裕铮很不容易，把这篇文章用五句话全都完整地说清楚了。请坐，课文里这样说作者，他一开始对练琴感觉到什么？

生：压力。

师：沮丧和……？

生：灰心。

师：灰心。但是最后呢？最后练琴变成他无法割舍的爱好了。什么叫无法割舍？崔健来说说看？

生：就相当于是自己生命的一部分。

师：就相当于自己生命的一部分。没办法……？

生：舍去。

师：舍去。就像身上的……？

生：一块肉。

师：一块肉一样，没办法割去。崔健联系自己的生活实际理解这个词语，很好，请坐。明白了吗？什么叫无法割舍？

生：明白了。

师：作者一开始对练琴感到沮丧。

生：灰心。

师：后来又对音乐……？

生：无法割舍。

师：是谁让他产生这种巨大的变化？

生：是这位装聋的老人。

师：文章中一共有三次对老人神态的描写，我们来看一看。一起来读这句话。当我感觉到……预备起。

生：当我感觉到身后有人而转过身时，吓了一跳，一位极瘦极瘦的老妇人静静地坐在一张木椅上，双眼平静地望着我。

师：好，接下来一句。男生来读，她……

生：她一直很平静地望着我。

师：不够平静，男生，平静地来读一读，她……

生：她一直很平静地望着我。

师：平静多了。第三句女生来读。她慈祥的眼睛……

生：她慈祥的眼睛平静地望着我，像深深的潭水。

师：作者写了这三处老人的神态。我们先来看看第一处，我请一位同学来给大家读一读，把它读好。张静静手举得最高，你来读读看这句话。

生：当我感觉到身后有人而转过身时，吓了一跳，一位极瘦极瘦的老妇人静静地坐在一张木椅上，双眼平静地望着我。

师：读得既流畅又有情感，请坐。大家找到这句话了吗？

生：找到了。

师：在文章里再找一找，这个时候老人看着我的时候，她听到了什么？她又看到了什么？请大家在文章里画一画，圈一圈，主要集中在3到6小节，这个老人她听到了什么？看到了什么？你觉得找全了就跟大家交流。

有的同学方法不错，她把听的全都圈出来，看的全都画出来，很清楚，一目了然。好，我们来说说看，老人先说她听到了什么？她这时候听到了什么？李传怡你找到了什么？老人听到了什么？

生：听到了我拉琴声。

师：我拉琴声音像什么一样？

课堂撷录

生：锯子。

师：从哪句话里看出来这是她听到的？这课文里不是写了吗？大家找到了吗？

生：找到了。

师：尽管这里没有……？把这句话读出来？

生：尽管这里没有父亲和妹妹的评论，但我感到懊恼，因为我显然将那把锯子带到了树林子里。

师：带到了林子里，老人听到了没有？

生：听到了。

师：老人还听到了什么？李传怡请坐。还听到了什么？王明鹤她还听到了什么？

生：他诅咒了他自己。

师：他诅咒他自己，他怎么说的？

生：我真是一个白痴。

师：老人听到了这个孩子这样对自己说，我真是个白痴。她听到了孩子拉琴像锯子，她听到了孩子诅咒自己。好的请坐，她看到了什么？看到了……挺多的。黄佳佳你说说看？

生：老人看见了作者的神情。

师：哪个神情？

生：我的脸顿时烧起来了。

师：我的脸顿时烧起来，也就是老人看到了这孩子……？

生：脸红。

师：因为什么而脸红？

生：因为作者他练得难听。

师：对啊，你跟前面的内容联系起来，因为他拉得难听，所以脸红，当看到有人的时候脸红了，她看到作者脸红了，还看到什么没有？

生：我抱歉地冲老人笑了笑，准备溜走。

师：还看到作者准备溜走。还有没有看到的东西啊？

生：有。

师：请坐，给其他一些同学机会。黄蕊来说说看。

生：我在一棵树下站好，庄重地架起小提琴，像一个隆重的仪式，拉响了第一支曲子。

师：黄蕊找的这句话非常重要，我们一起来读一读这句话，我在一棵树下站好……

生：我在一棵树下站好，庄重地架起小提琴，像一个隆重的仪式，拉响了第一支曲子。

师：她除了看到作者这些不自信的神态，脸红了，准备溜走，摇摇头，等等，还看到他非常庄重地拉琴。从老人听到的、看到的，那么老人透过这些表情和动作，她看穿了什么？王娜来说说看？

生：她从作者的庄重的动作，看出了作者是喜欢音乐的。

师：好的，你说到了一点，按照时间的顺序，先看到他庄重地拉琴，看穿作者是喜欢音乐的。还看穿了什么？

生：但是从他拉的琴声来听，他拉的琴非常的不好。

师：那这个不好值不值得责怪呢？老人可能会想什么了？你这孩子是挺喜欢音乐的，但是他可能……

生：可能才刚刚练习。

师：嗯，可能才刚刚练习，这样的声音也是……

生：也是不能责怪的，避免不了。

师：不能责怪，也是很正常的。关键是老人看到了这个孩子内心里还是喜欢练琴的。还看穿了什么？后面脸红什么的？

生：先听到自己诅咒自己，我真是白痴，这个……她看穿了这个作者对自己拉的琴十分没有信心。

师：对啊，老人看穿了作者对自己十分没有信心。还看穿了什么？

生：从他脸红以及准备想溜走，看出了其实他是想把琴练好的。

师：但是很怕什么？

生：很怕被人嘲笑。

师：很怕别人的眼光。为什么？因为作者在家里……？

生：已经被父亲和妹妹诅咒。

师：不是诅咒。是什么？是嫌弃了。王娜说得很好，请坐，分别说清楚了老人看穿了什么。从作者庄重地架起小提琴，老人看穿了他其实喜欢音乐；从作者诅咒自己，老人看穿了作者他内心对自己没有信心；从作者准备溜走，老人看穿了作者很怕别人的眼光，很怕别人会嫌弃他拉得不好，是不是？

老人怎么样挽留作者的呢？老人对他说了三句话。先自己坐在位置上读一读这三句话，想一想你能不能读好。我请三位女同学来读，看看你们能不能挽留住大家，在座的同学就是作者。第一句谁来读？我请张静静（音）来读第一句，第二句，我请邓佳妮（音）来读第二句，第三句我请王娜来读。请大家仔细听。好，张静静。

生：是我打搅了你吗，小伙子？不过，我每天早晨都在这里坐一会儿。

师：老人这么说，你还会不会因为自己打搅了老人的幽静而感到抱歉，还会不会？

生：不会。

师：为什么？甘旭来说。

生：他还以为我自己打搅了老人。

师：因为老人这么说是我打搅了你吗？所以老人说话很有……？

生：礼貌。

师：很有礼貌，很有艺术。请坐。第二句你来。

生：我猜想你一定拉得非常好，只可惜我的耳朵聋了。如果不介意我在场的话，请继续吧。

师：好，这个时候作者还会不会因为自己拉得难听，而感到无地自容？

生：不会。

师：为什么？因为老人说她耳朵聋了，其实老人的这两句话都是对作者的心灵的安慰、呵护，"呵护"这个词用得好，呵护不是保护，而是怎样的保护？

生：小心。

师：非常小心地保护作者受伤的心。我们来听第三句。

生：也许我会用心去感受这音乐，我能做你的听众吗，就在每天早晨？

师：好，王娜读得很有情感。大家如果是作者，你愿不愿意老人做你的听众？

生：愿意。

师：为什么？给我个理由？为什么愿意？我拉得不好，最好没有人听啊。王明克来说说看。

生：首先她是一个耳聋的老人，最起码她听不见声音。他的琴声就不会打扰这位老人。

师：他就可以放心地拉了。然后不必担心自己拉得难听。

生：而且她说过她会用心感受这音乐，他肯定觉得这位老人认为他拉得是很好的。

师：对，就是说第一个首先他不必在乎自己拉得好听还是难听，但是又有一位老人可以用心地来倾听，做他的听众，所以当然愿意了。老人的语言像诗一样，打消了作者心里的顾虑、心理障碍，说得很好。老舍先生说……我们一起来读一读这句话，带有诗意的语言……

生：带有诗意的语言，能够给读者以弦外之音。

师：以弦外之音，你听出老人话里的弦外之音吗？她这句话到底是什么意思？也许我会用心去感受这音乐。我能做你的听众吗，就在每天早晨？弦外之音，她言下之意是什么意思啊？什么意思啊？你说几句话。

生：对作者来说，他弹得不好，但是对这么装聋的老妇人来说，她说她会用心去感受音乐。

师：用心去感受，也就是让作者要用心地去干什么？

生：拉琴。

师：去练。一个弦外之音就是要让作者用心，因为音乐只要用心，就

51

能够感受到。还有什么意思？就在每天早晨是什么意思？

生：这句话的意思是说让作者坚持，不要放弃练琴。

师：他特地补充了这句话，就在每天早晨，崔健说得很好，她的意思就是让作者每天都来坚持练琴。请坐。老人的这句话其实在题写作者练琴的两个要素，关键就是用心还要怎么样？坚持。随着作者坚持用心地练琴，他心里面有一股力量正在……？

生：潜滋暗长。

师：看来都查过字典了。这个词读得很准，我们再来读两遍，潜滋暗长。预备起。

生：潜滋暗长，潜滋暗长。

师：作者这个潜滋暗长都是因为谁？都是因为老人对他的鼓励。当作者在练琴的时候，老人一直很平静地望着他，依然很平静地望着他。只有平静吗？当作者在练琴的时候，老人只是平静地望着他吗？

生：还有鼓励？

师：不是。我停下来时，她总不忘说一句……？

生：真不错。我的心已经感受到了。谢谢你，小伙子。

师：大家读得很好，把平静的语气读出来。每当作者停下来时，当我忘记曲谱的时候，老人总不忘说一句，谢谢你真不错，我的心已经感受到了。谢谢你小伙子。当我拉错音符而停下来的时候，老人总不忘说一句……？

生：真不错，我的心已经感受到了。谢谢你，小伙子。

师：当我断断续续拉完一支曲子的时候，老人总不忘说一句……？

生：真不错。我的心已经感受到了。谢谢你，小伙子。

师：当我有了任何一点进步的时候，老人总不忘说一句……？

生：真不错。我的心已经感受到了，谢谢你小伙子。

师：老人平静的语言、平静的眼神，其实是对作者真诚的肯定、鼓励，都说得不错。真诚的肯定和鼓励。在这样的肯定和鼓励下，作者的信心潜滋暗长，终于有一天他能够拉出好听的音乐了，那个时候老人慈祥的眼睛……？

生：平静地望着我，像深深的潭水。

师：把它读好，再来读一遍，她慈祥的眼睛……

生：她慈祥的眼睛平静地望着我，像深深的潭水。

师：这个时候老人看到的是什么？听到的是什么？她感觉到什么？想到的又是什么？她平静的眼神仿佛在对我说些什么？我们在第12小节旁边写一写，可以同桌互相讨论着、合作着把这段话写一写，有一些可以找到，听到的是什么？看到的是什么？给大家三分钟的时间。

有的地方很简单，有的地方要想一想。如果你有想法，就跟崔健一样跟同学多交流。特别的一些思考就赶快记下来。

生：他会拉小提琴了。

师：看到他会拉小提琴。他已经拉得怎么样？

生：很熟了。

师：很熟练了。这个时候老人没有说话，前面我们都看到老人说话了。所以这个时候她仿佛在说什么？想到的蛛丝马迹自己都把它记下来。好，让我们一边说一边来互相学习，看看其他同学有什么想法。甘旭来说。

生：这时老人看到的是小伙子认真地拉琴。

师：认真地拉琴可不可以换一个词语？他已经拉得很熟练。甘旭改进了。看到了小伙子熟练地拉琴。听到的是什么呢？

生：听到的是美妙的音符。

师：你从课文里找到了，听到的是美妙的音符。

生：感到作者奏出了真正的音乐。

师：感觉到作者奏出了真正的音乐。作者自己感觉到了没有？

生：感觉到了。

师：那老人为什么也能感觉到？注意她的身份。

生：她是一位音乐家。

师：她原来就是一位音乐教授，所以她自然也能感觉到作者奏出了真正的音乐。甘旭说得很好，继续说下去，她想到了什么？

生：想到了我之前的努力没有白费。

师：甘旭说到这个时候，微笑了一下，说明是他自己想出来的，其他的同学有没有想到的？想到了我之前的努力，我之前对这孩子的鼓励教育都没有白费啊。这个孩子真是不错，替我争气，仿佛对他说什么？

生：她平静的眼睛仿佛对我说，加油，你一定能成功，成为一名真正的小提琴家。

师：说得很好，甘旭把这句话再说一遍。

生：她平静的眼睛仿佛在对我说，加油，你一定能成功，成为一名真正的小提琴家。

师：注意甘旭里面的几层意思，加油，是对他前面练琴的鼓励，你一定能成功，是对他的未来提出希望，一定能成为什么？

生：真正的小提琴家。

师：他成功了没有？

生：成功了。

师：真正成为一名小提琴家，甘旭写得很好，我再请一位同学来说说看。这时她看到的是什么？或者你前面差不多，或者后面一定有不一样。你来说。

生：这时老人看到的是一位成功的少年。

师：看到的是一位成功的少年。

生：听到的是美妙的音乐，感觉到成功的喜悦。

师：感到的成功的喜悦，这成功的喜悦是……？我感觉到是双份的。是不是双份的？一个是他自己练琴成功了，还有一个就是老人的鼓励，老人的教育成功了。

生：想到我对他的指导没白费。

师：讲得不错。

生：她平静的眼神仿佛在对我说，恭喜你成功了，但要继续努力。谢谢你小伙子。

师：恭喜你成功了，但要继续努力，最后一句话我要请薛锦杰来解释一下，谢谢你小伙子，她为什么要谢谢小伙子？

生：因为作为耳聋的音乐家，重新听到了真正的音乐。

师：因为作者让这个老人听到了一次，或者感受到了真正的音乐。而且看到了一个人真正的成长。所以要谢谢他。薛锦杰这句话写得很有深意，请坐。我们再请一位来说。黄佳佳来说说看。

生：这时老人看到的是充满自信的我，听到的是我拉出的优美的曲子，想到这位小伙子已经拥有了信心。

师：想到这位小伙子已经拥有了信心。

生：他果然没有让我失望。她平静的眼神仿佛在对我说，你已经能拉出优美的曲子，而且拥有了信心，拉出的曲子伴随着你的信心流淌着，你以后一定能拉出更好的曲子。

师：黄佳佳写的语言也像诗一样，请把你最后一句话再来读一遍。

生：拉出的曲子伴随着你的信心流淌着，你以后也一定能拉出最好的曲子。

师：拉出的曲子伴随着你的信心流淌着，你看写得多好。你以后一定能继续拉出更多优美的曲子。说得很好。请坐。

注意了，作者围绕平静这个词，写出了老人的气质、装聋的特点，以及她怎样巧妙地来教育这个孩子，让我想到一句话，一句诗。大家记不记得这句："随风潜入夜，润物细无声。"非常好。要加上引号。

让我们再来读一读课文的倒数第二节，来感受一下作者成功的喜悦、老人教育人的智慧，以及这篇文章美妙的语言。我也非常想读，我跟大家一起来读吧。好不好？

我们交替来读。我先读第一句，我一直珍藏着这个秘密，珍藏着一位老人美好的心灵。

生：每天清晨，我总是早早地来到林子里，面对着这位老人，这位耳"聋"的音乐家——我唯一的听众，轻轻调好弦，然后静静地拉起一支优美的曲子。

师：我渐渐感觉我奏出了真正的音乐，那些美妙的音符从琴弦上缓缓流淌着，充满了整个林子，充满了整个心灵。

生：我们没有交谈过什么，只是在一个个美丽的清晨，一个人默默地拉，一个人静静地听。

师：老人靠着木椅上，微笑着，手指悄悄打着节奏。

生：她慈祥的眼睛平静地望着我，像深深的潭水……

师：真好听，我们再来读一遍。全部由大家读，我一直珍藏着这个秘密，预备起。

生：我一直珍藏着这个秘密，珍藏着一位老人美好的心灵。每天清晨，我总是早早地来到林子里，面对着这位老人，这位耳"聋"的音乐家——我唯一的听众，轻轻调好弦，然后静静拉起一支优美的曲子。我渐渐感觉我奏出了真正的音乐，那些美妙的音符从琴弦上缓缓流淌着，充满了整个林子，充满了整个心灵。我们没有交谈过什么，只是在一个个美丽的清晨，一个人默默地拉，一个人静静地听。老人靠着木椅，微笑着，手指悄悄打着节奏。她慈祥的眼睛平静地望着我，像深深的潭水。

师：就算作者将来多么的成功，他也始终不会忘记生命中的这位……？

生：唯一的听众。

师：好。课后我希望大家完成两项作业。第一，熟背课文的倒数第二小节。第二，为下一次的写作做好准备。好，下课。

《天窗》课堂教学实录

师：今天我们一起学习我国著名文学家茅盾先生的一篇作品，名字叫作——

生：《天窗》。

师：好，伸出手指跟沈老师一起写写课题。天窗，顾名思义就是开在哪儿的窗？开在天上的？你开给我看看，开在哪儿？

生：天花板。

师：开在天花板上的窗，一起再来读读课题，《天窗》，预备齐。

生：《天窗》。

师：这个题目如果让你写，你会先写什么？后写什么？谁来说说看？你来说。

生：先描写天窗的样子，再写它的功能。

师：你的思路很有条理。

生：我觉得他说的不错，但是我觉得我们还可以写写可以在天窗里看到什么，可以用天窗做什么之类的。

师：你在他的基础上进行了补充，还对他进行了评价，肯定了他，请坐。那位同学。

生：我也肯定这位同学的说法，但是我觉得天窗不是最近刚刚出来的一个东西，是老早就有的，它是有历史的，我可以介绍一下天窗的来历。

师：所以你写的天窗具有时代感，是现在的天窗不一定是以前的天窗，是不是？那茅盾先生在那个时代有没有按照我们说的这些顺序来写天窗呢？打开书，轻声读读课文，做到字字音准、句句通顺，边读边想想茅盾先生先后围绕天窗写了什么内容，读出声音来。

好，读得差不多了，谁来说说看作者先后写了哪些内容？那位女生来说。

生：作者先写了乡下人在屋面上开了天窗。

师：好的，用一个字来概括就是"开"天窗。

生：然后写了孩子们从天窗中看世界，展开丰富的想象。

师：也用一个字就是孩子们——

生：看。

师：看天窗时他们展开丰富的想象，得到了什么？

生：唯一的慰藉。

生：最后作者写了孩子们感谢发明天窗的大人。

师：好的，请大家跟我写写"慰藉"这两个字，笔画比较多。"藉"要注意是什么？草字头，请你把最后一句话再说一遍。最后写的是？

生：最后作者写了孩子们感谢发明天窗的大人。

师：孩子们感谢发明天窗的大人，也就是孩子们"谢"，不能说"谢天窗"。说天窗好，说天窗不错，说天窗是神奇的，就是给天窗一个"赞"。你看这个字用得多好。我们看作者的三个部分都是围绕着天窗来写的，可见这个题目起得非常恰当。我们再想想，你们发现作者跟我们前面同学说的有没有一样的地方？

生：有。

师：比如说天窗的来历是必须写一写的，是不是？接下来请大家根据作者的表达顺序，用三句简洁的话连贯地说一说课文的主要内容。先同桌互相练练。

谁来说说看？

生：乡下人在屋檐上开了天窗；孩子们能通过天窗看到整个世界，产生丰富的联想；孩子们因为能够通过天窗看世界而非常感谢发明天窗的大人。

师：你的三句话非常简洁、清楚、连贯。但是有一个小细节我听出来了，大家听出来了没有？他说孩子们能从天窗中看到整个世界，看得到吗？可以说看到一片小小的世界产生了丰富的联想，那就更好了是不是？谁再来说说看？这位男生。

生：第一段是乡下人开天窗。

师：你这样说就不连贯。

生：乡下大人开天窗。孩子们通过天窗看到一片小小的世界并且展开丰富的联想。他们十分感谢神奇的天窗带给他们的丰富想象。

师：好的，也说得很清楚，三句话非常连贯。最后请一位同学讲，这位男生来说说。

生：乡下人在屋檐上开了天窗。孩子们通过天窗看到一片小小的世界，并且产生了丰富的联想。孩子们赞美神奇的天窗，同时也感谢发明天窗的大人们，因为天窗给他们带来了无穷的联想。

师：好的，你的最后一句话还加上了自己的体会，请坐。看来归纳这篇文章的主要内容，我们可以先理清行文思路，再按照表达顺序用三句简洁的话连贯地说一说就行了。作者在文章中几次写到"唯一的慰藉"？

生：两次。

师：什么叫"慰藉"？

生：安慰。

师：就是安慰，还有呢？

生：慰藉的意思是安慰、抚慰。

师：说得多准确，你像一本活字典，请坐。为什么天窗给孩子们带来的慰藉是唯一的呢？请大家联系课文第4、第6两个自然段的内容，来想想屏幕上的填空。给大家一点时间。

看来大家准备得差不多了，谁来说一说？那位女生。

生：孩子们被关在地洞似的小屋里。

59

师：夏天阵雨来的时候……

生：夏天阵雨来的时候，孩子们关在了地洞似的小屋里，就不能在雨中跑跳。晚上孩子们被大人逼着上床休息就不能在月光下草地、河滩玩耍。他们更不能像如今的我们一样可以有很多的娱乐设施。

师：比如说呢？

生：手机。他们只能在地洞似的小屋里通过看天窗展开丰富的想象。

师：好的，你的语速很快，说明你的思路很清楚，如果再带一点感情就更好了，谁再来说说看？

生：夏天阵雨来的时候孩子们被关在地洞似的小屋里，就不能在雨中跑跳了。晚上孩子们被大人逼着上床睡觉就不能在月光下的草地、河滩里玩耍。他们更不可能像如今我们一样可以玩电子产品取乐，他们只能在地洞似的屋子里看天窗展开丰富的想象。

师：你说得很浪漫，你的声音也很浪漫。请坐。你看当时的孩子们跟我们现在的孩子一样吗？

生：不一样。

师：他们不能在月光下草地、河滩上玩了，不能在雨里跑跳了，他们被关到……？

生：地洞似的屋里。

师：他们没有其他事情可做了。他们只能——

生：看天窗。

师：幸好屋上还有一块小小的天窗。所以他们在看天窗时得到的慰藉是——

生：唯一的。

师：也因此他们看天窗时会格外……？你觉得是什么？

生：所以他们看天窗的时候会格外地出神，会格外地、非常地全神贯注，想象非常的丰富。

师：你说了一连串话，后面那位同学接着说。

生：因为天窗是他们唯一的慰藉，他们没有办法再去观察外面整个的美妙的世界，所以他们看天窗的时候第一是全神贯注的，第二他们是把所有的精力都集中在这个上面的。

师：所以会产生一系列的什么？

生：丰富的联想。

师：说得非常好。请坐。因此作者在文章的结尾他要这样赞美天窗，我们一起来读一读。跟我读，啊唷唷！这小小一方的空白是神奇的！神奇在……？

生：它会使你看见了若不是有了它，你就永远不会联想到的种种事情！

师：发明这"天窗"的大人们，是应当感谢的。因为——

生：活泼会想的孩子们会知道怎样从"无"中看出"有"，从"虚"中看出"实"，比他所看到的一切更真切，更广阔，更复杂，更实在！

师：从大家读的最后一句话里我听到了停顿，看到了疑惑，对这句话你有没有什么问题？那边那位女生。

生："无"是什么？"有"是什么？

师：你有了这个问题，包括"虚"是……？接着问。

生：而且为什么他所看到的一切更真切，更广阔，更复杂，更实在？

师：你问得很清楚了，有多少同学也有类似的问题？举手给我看看，看来大家都有，手放下。咱们联系课文的第5、第7自然段，来读读看，想一想刚才那位同学提出的问题。请大家读红色的部分，透过那小小玻璃，你会看见雨脚在那里卜落卜落跳，你会看见带子似的闪电一瞥。

生：你想象到这雨，这风，这雷，这电，怎样猛烈地扫荡了这世界，你想象它们的威力比你在露天真实感到的要大这么十倍百倍……

师：小小的天窗会使你的想象丰富起来！你会从那小玻璃上面的一粒星，一朵云——

生：想象到无数闪闪烁烁可爱的星，无数像山似的，马似的，巨人似的，奇幻的云彩……

师：你会从那小玻璃上面掠过一条黑影——

生：想象到这也许是灰色的蝙蝠，也许是会唱歌的夜莺，也许是恶霸

61

似的猫头鹰……

师：总之，美丽的神奇的夜的世界的一切，立刻会在你的想象中展开。同学们，你们发现没有？大家读的内容都是孩子们的什么？

生：想象。

师：因为是想象的内容，所以是……？

生：丰富的。

师：是"无"的。还是……？

生："虚"的。

师：那怎么又变成"实"的呢？成为"有"的呢？请大家再看看这些想象内容中的事物，这并不是他们异想天开、天马行空、胡思乱想的。找一位同学说说看，而是怎么样？这位女生来说。

生：它是"有"的，然后他再通过这些事物再继续去联想，然后把它扩大到十倍、百倍。

师：说得非常好，其实你的意思就是说他们想到的这些事物是在生活中曾经——

生：有的。

师：曾经——

生：看到过的。

师：或者是——

生：听到过的。

师：所以请坐，是……？

生："实"的。

师：现在搞清楚了吧？我们再把这句话读读，活泼会想的孩子们……，预备齐。

生：活泼会想的孩子们会知道怎样从"无"中看出"有"，从"虚"中看出"实"，比他所看到的一切更真切，更广阔，更复杂，更实在！

师：你看，这两个自然段同样是写孩子们展开的联想，都给孩子们带来了慰藉，但是这两个联想当中，给孩子们的感受一样吗？

生：不一样。

师：我们先来读读第5自然段，体会体会，谁给大家先读一读？你来读一读。

生：透过那小小玻璃，你会看见雨脚在那里卜落卜落跳，你会看见带子似的闪电一瞥；你想象到这雨，这风，这雷，这电，怎样猛烈地扫荡了这世界，你想象它们的威力比你在露天真实感到的要大这么十倍百倍。小小的天窗会使你的想象丰富起来！

师：你读得太美了，我都陶醉了。这给孩子们带来什么感受？这个自然段的事物给孩子们带来什么样的感受？有哪些感受？比如说这雨，这风，这雷，这电，给孩子们带来什么感受？你来说说看。

生：他们会感到这雨，这风，这雷，这电是非常猛烈地扫荡。

师：说得好。

生：是扫荡了这个世界。

师：可以给孩子们带来猛烈的感受。请坐，再看看前面的，还给孩子们带来什么样的感受？透过那小小玻璃，你会看见雨脚在那里卜落卜落跳。这有什么感受？你来说说看。

生：会给孩子们带来一种很欢快的感受。

师：你说的没错，给孩子们带来很欢快的感受。请坐，大家想想，从哪些词句中可以体会到猛烈或者欢快？那位同学。

生：从"卜落卜落跳"可以看出他们是非常欢快的。

师：你找到了这句话，什么在"卜落卜落跳"？

生：雨脚。

师：雨脚其实就是什么？

生：雨滴。

师：雨滴、雨点、雨水，那作者为什么都不写，而要写"雨脚"呢？大家众说纷纭，请坐，别着急。你联系一下第4自然段想一想，也许你会说得更加精确，体会一下就发现了。这位男生来说。

生：我认为是因为孩子们在雨里跑跳的时候也是用脚在跑的，所以他们也把雨想象成是在用脚"卜落卜落跳"的。

师：因为他们现在不能怎么样？

生：跑跳。

师：不能出去，不能跑跳，只能把雨当作是自己，又把自己当成是雨，看到雨在那里"卜落卜落跳"，就好像是自己也在——

生：卜落卜落跳。

师：这不就得到了慰藉了吗？自己也像在跳，你说得太好了，请坐，能不能把这句话读出"卜落卜落跳"的感觉？谁来试试看？后面那位女生很自信地举手。

生：透过那小小玻璃，你会看见雨脚在那里卜落卜落跳，你会看见带子似的闪电一瞥。

师：你是轻轻地跳，还有没有跳得欢快一点的？前面那位女生。

生：透过那小小玻璃，你会看见雨脚在那里卜落卜落跳，你会看见带子似的闪电一瞥。

师：你看你这么一读就跳起来了，我们一起来读一读，透过那小小玻璃，预备齐。

生：透过那小小玻璃，你会看见雨脚在那里卜落卜落跳，你会看见带子似的闪电一瞥。

师：动动你的双脚再来读一读，透过那小小玻璃，预备齐。

生：透过那小小玻璃，你会看见雨脚在那里卜落卜落跳，你会看见带子似的闪电一瞥。

师：这里有一个字挺难写的你发现了没有？

生：瞥。

师：跟老师来写一写，这个字的笔顺容易写错。先写点，再写撇，再写哪一竖？左边的短竖。然后横折钩，再竖、撇、点。再写一个反文旁。最后写一个"目"。因为下面是一个"目"，所以跟什么有关？

生：看。

师：这里是我看闪电？还是闪电看我？

生：我看闪电。

师：谁来说说看？这位男生。

生："瞥"的意思是很快地看一下。

师：你把这句话读读看。

生：透过那小小玻璃，你会看见雨脚在那里卜落卜落跳，你会看见带子似的闪电一瞥。

师：是孩子看闪电？还是闪电……？

生：孩子看闪电。

师：那你不就直接说我看见带子似的闪电就行了？你来说说看。

生：闪电看孩子，因为它像带子似的闪电一瞥的话，这闪电是很快的，所以就是闪电看了他一眼的感觉。

师：他说的感觉像闪电看了我一眼。在孩子的眼里雨脚变得有生命了，闪电也变得有生命了！咱们再来读好这句话，透过那小小玻璃……预备齐。

生：透过那小小玻璃，你会看见雨脚在那里卜落卜落跳，你会看见带子似的闪电一瞥。

师：好的，刚才有同学说"猛烈"。接着往下读，谁能读出下面这句的那种猛烈？前面给大家范读的这位女生其实读得不错，再来试试看？这时候男生应该出来，比较猛烈了，这位男生来读读看。

生：你想象到这雨，这风，这雷，这电，怎样猛烈地扫荡了这世界，你想象它们的威力比你在露天真实感到的要大这么十倍百倍。小小的天窗会使你的想象丰富起来！

师：虽然你读的是斜风细雨，不是狂风暴雨，但是你强调了一个词。我要请问一下，你强调了十倍百倍，还有露天，为什么要强调这两个词？你想表达什么？

生：我想表达这雨，这风，这雷，这电是比较猛烈地扫荡了这个世界，因为在露天感到的这是很真实的，但是通过孩子们丰富的联想会感觉它猛烈十倍百倍。

生：通过孩子们丰富的联想，把这个虚无的想象给怎么样？

生：扩大了。

师：扩大了，好的，这个地方是可取的。谁再来读读看？刚才那个风太小，雨也太小，要让它进来，从窗口打进来，下到我们教室里面来，这位男生读读看。

生：你想象到这雨，这风，这雷，这电，怎样猛烈地扫荡了这世界，你想象它们的威力比你在露天真实感到的要大这么十倍百倍。小小的天窗会使你的想象丰富起来！

师：你是小身材有大味道，你的声音比前面同学的更加响亮，但是光响亮还不够。来，我们男生一起来试试看，怎么猛烈地扫荡这世界。你想象到这雨，这风，这雷，这电……预备齐。

生：你想象到这雨，这风，这雷，这电，怎样猛烈地扫荡了这世界，你想象它们的威力比你在露天真实感到的要大这么十倍百倍。小小的天窗会使你的想象丰富起来！

师：我们女生也在跟着读，她们不服气。我觉得男生这个雨下得断断续续的。女生来读一读，把刚才大家强调的这些词语给大家读出来。当然男生想读也可以。你想象到这雨，这风……预备齐。

生：你想象到这雨，这风，这雷，这电，怎样猛烈地扫荡了这世界，你想象它们的威力比你在露天真实感到的要大这么十倍百倍。

师：你看女生在读的时候把"这雨，这风，这雷，这电"的节奏读得比男生要快一点，所以才能干什么？扫荡。我们全部加进去，一起来，你想象到，预备齐。

生：你想象到这雨，这风，这雷，这电，怎样猛烈地扫荡了这世界，你想象它们的威力比你在露天真实感到的要大这么十倍百倍。小小的天窗会使你的想象丰富起来！

师：我请两位同学配合读这一小节。第一位读欢快的，接下来是猛烈的，我来给你们读最后一句话。第一句谁来？这位女生来读。第二句？请一个男生。我找一个猛一点的，你看上去蛮猛的，你来读第二段。好，准备。透过那小小玻璃……

生：透过那小小玻璃，你会看见雨脚在那里卜落卜落跳，你会看见带子似的闪电一瞥。

生：你想象到这雨，这风，这雷，这电，怎样猛烈地扫荡了这世界，你想象它们的威力比你在露天真实感到的要大这么十倍百倍。

师：小小的天窗会使你的想象丰富起来！请坐。你看这位男生还有点电闪雷鸣的感觉，而且是那种雷声滚滚的感觉。刚才咱们通过抓住文中的词句来感受到了孩子们他们联想中的那种体会，接下来又通过朗读把这种体会表达了出来，我们用这种方法自己来学学第7自然段。注意学习提示，跟同桌一起开始学习。

师：有的同学已经有结论了，你们说这一段话表达孩子们的联想是怎么样的感受？这位女生来说说。

生：我觉得这段话表达的是一种很梦幻的感觉。

师：很梦幻。我欣赏你这个词语，你这个"梦幻"用得很好。除了梦幻还有没有？相对于前面的猛烈，这里就显得比较……？平静？倒不一定平静，比较舒缓，你能不能说说你从哪儿体会到这些的？

生：我从"你会从那小玻璃上面的一粒星，一朵云，想象到无数闪闪烁烁可爱的星，无数像山似的，马似的，巨人似的，奇幻的云彩"，我从"可爱的星""无数闪闪烁烁"，还有"奇幻的云彩"中体会到了十分的梦幻。

师：而且你在读的时候我听出"一粒""一朵"和"无数"的对比，你觉得这种对比写出了什么？

生：这组对比写出了孩子从一粒星、一朵云是很少的，看出了无数的闪闪烁烁的星，说明他们从"无"中看出了"有"。

师：也就是说他们看到的"少"，想到的却很"多"。她说得太好了，请坐。我把这里的字也变得梦幻一点，咱们女生先来读一读，你会从那小玻璃上面……预备齐。

生：你会从那小玻璃上面的一粒星，一朵云，想象到无数闪闪烁烁可爱的星，无数像山似的，马似的，巨人似的，奇幻的云彩。

67

师：你们梦幻是有的，但是丰富还不够。听我来读，要梦幻，还要丰富，刚才那位女生不是说了吗？他们的想象很丰富。你会从那小玻璃上面的一粒星，一朵云，想象到无数闪闪烁烁可爱的星，无数像山似的，马似的，巨人似的，奇幻的云彩。咱们一起来读一读。你会从那……预备齐。

生：你会从那小玻璃上面的一粒星，一朵云，想象到无数闪闪烁烁可爱的星，无数像山似的，马似的，巨人似的，奇幻的云彩。

师：我听出来大家读"山似的，马似的，巨人似的"特别有节奏，你们想表达什么呢？这种节奏想要表达出来什么？你读出来的，要说出来才行。咱们读得好不如说得好。这位女生来说说。

生：其实读快的话也是排比的样子，一个一个的想法，就像一个一个问题。

师：读得慢了就可以表达出什么？

生：读得慢一点的话就可以表达出孩子们想象的过程，也许是什么样的。

师："也许"表达出孩子们想象的过程，你能不能再来读一读？我很喜欢听你的声音。

生：你会从那小玻璃上面的一粒星，一朵云，想象到无数闪闪烁烁可爱的星，无数像山似的，马似的，巨人似的，奇幻的云彩。

师：太美了，我给你一个赞。听你这么一读，我已经不在那封闭的屋子里了，大家觉得你们已经在哪儿了？谁来说说看？你的同桌说说看，你听得最清楚。

生：听完她读的感觉，我觉得遨游在天空之中。

师：遨游在天空之中，在山似的，马似的，巨人似的云里遨游。请坐，还有没有什么感觉？你有什么感觉？

生：就感觉非常奇幻、梦幻，然后自己就像又是无，又是有，又是虚。

师：你已经进入到那种梦境当中去了。那位女生来说说看。

生：我还感觉我看到了无数闪闪烁烁可爱的星。

师：虽然我们这里只有刺眼的灯，但是你却看到闪闪烁烁可爱的星。

不容易，你的朗读很有感染力，这位同学还要说。

生：仿佛置身于仙境。

师：大师都是这样的，话少但是意思多。仿佛置身于仙境，我也好像躺在了月光下的草地、河滩上看星星。咱们再来读一读，你会从那……预备齐。

生：你会从那小玻璃上面的一粒星，一朵云，想象到无数闪闪烁烁可爱的星，无数像山似的，马似的，巨人似的，奇幻的云彩。

师：好，咱们接着往下读。这次不用说了，你肯定能读丰富了，谁来试试看？这位男生。

生：你会从那小玻璃上面掠过的一条黑影想象到这也许是灰色的蝙蝠，也许是会唱歌的夜莺，也许是恶霸似的猫头鹰。总之，美丽的神奇的夜的世界的一切，立刻会在你的想象中展开。

师：你很聪明，我从你的朗读中，听到了神奇的蝙蝠、唱歌很好听的夜莺，还有突然吓我一跳的猫头鹰。谁再来读一读？找个没读过的同学，这位男生来读读看。

生：你会从那小玻璃上面掠过的一条黑影想象到这也许是灰色的蝙蝠，也许是会唱歌的夜莺，也许是恶霸似的猫头鹰，总之，美丽的神奇的夜的世界的一切，立刻会在你的想象中展开。

师：我采访你一下，你觉得这些事物表现出什么？

生：表现出孩子们的想象很丰富。

师：你说的太虚了，还不够实，你要从虚中说出实。你觉得孩子们的想象挺丰富，丰富在哪儿？

生：丰富在他们看见一条黑影就觉得可能是任何东西。

师：可能是任何东西吗？那我说如果是为什么不是想到一只燕子呢？或者是一只老鹰呢？再看看这三样东西。这些都是只有在夜晚中出现的，所以说孩子们活泼会想象。所以大家看，你看他有了这个体会，我们再读起来又不一样了，请这位女生来读。

生：你会从那小玻璃上面掠过的一条黑影想象到这也许是灰色的蝙蝠，也许是会唱歌的夜莺，也许是恶霸似的猫头鹰，总之，美丽的神奇的

课堂撷录

夜的世界的一切，立刻会在你的想象中展开。

师：你的朗读也像唱歌一样，所以你读的"恶霸似的猫头鹰"像是会唱歌的猫头鹰。我们一起来读读看，你会从那小玻璃上面……预备齐。

生：你会从那小玻璃上面掠过的一条黑影想象到这也许是灰色的蝙蝠，也许是会唱歌的夜莺，也许是恶霸似的猫头鹰，总之，美丽的神奇的夜的世界的一切，立刻会在你的想象中展开。

师：我再请一位同学，谁能让我们跟着你的朗读从天窗溜出去，跟着那条黑影去追赶蝙蝠，追赶猫头鹰？追那夜莺？这个难度高了。这位女生试试看。

生：你会从那小玻璃上面掠过的一条黑影想象到这也许是灰色的蝙蝠，也许是会唱歌的夜莺，也许是恶霸似的猫头鹰，总之，美丽的神奇的夜的世界的一切，立刻会在你的想象中展开。

师：你带我们从天窗中飞了出去，跟着夜莺，跟着猫头鹰，跟着蝙蝠一起飞。请你等一会儿坐下，我采访你一下，你为什么最后这里要减慢你的节奏呢？

生：因为我想表达这范围很大。

师：没错，在这里他们的想象的范围又怎么样？

生：扩大了。

师：扩大了，而且这个时间是什么时候？

生：夜晚。

师：夜晚怎么样呢？

生：夜晚我觉得很神秘。

师：而且他现在是在什么情况下看天窗？什么姿势的情况下？

生：睡觉。

师：躺着、仰着脸看天窗，所以他的想象会越来越丰富，越来越大。就像你读的那样，非常的舒缓，请坐。我们一起舒缓地把整个一段话来读读，你会从那小玻璃上面……预备齐。

生：你会从那小玻璃上面掠过的一条黑影想象到这也许是灰色的蝙

蝠，也许是会唱歌的夜莺，也许是恶霸似的猫头鹰。总之，美丽的神奇的夜的世界的一切，立刻会在你的想象中展开。

师：咱们连起来看，当夏天阵雨来的时候孩子们顶喜欢在雨里跑跳，却被大人们无情地关在了屋子里，这时候小小的天窗成了他们唯一的慰藉，男生来读，透过那小小玻璃。

生：透过那小小玻璃，你会看见雨脚在那里卜落卜落跳，你会看见带子似的闪电一瞥；你想象到这雨，这风，这雷，这电，怎样猛烈地扫荡了这世界，你想象它们的威力比你在露天真实感到的要大这么十倍百倍。小小的天窗会使你的想象丰富起来！

师：夜晚是孙猴子的脸，说变就变。当孩子们还想在月光下草地、河滩上玩耍，却被大人们逼到屋子里面去休息，这时候他们偷偷拉开帐子，仰起了脸，小小的天窗又是他们唯一的慰藉。女生来读。

生：你会从那小玻璃上面掠过的一条黑影想象到这也许是灰色的蝙蝠，也许是会唱歌的夜莺，也许是恶霸似的猫头鹰，总之，美丽的神奇的夜的世界的一切，立刻会在你的想象中展开。

师：大家读得过瘾，我听得上瘾。同学们，你们看刚才大家通过体会这两个自然段，感受到了当时孩子们产生的不同的联想。无论是哪种联想，活泼、欢快、猛烈的也好，梦幻、舒缓的也好，都让被关在屋子里面的他们得到了唯一的慰藉。下一个课时咱们要继续去品读4至7自然段，跟文学语言大师茅盾接着进行对话，好不好？

生：好。

师：课后请大家完成四项作业，好下课。

本课教学曾获2016年全国课堂教学展示大赛上海赛区一等奖

《牛和鹅》课堂教学实录

师：今天我们要一起学习上海著名作家任大霖先生的一篇文章，一起来读读课题。

生：第十八课《牛和鹅》。

师：读得很整齐，在课前我很想知道大家把这篇文章读过多少遍？有的同学跃跃欲试，有的同学露出了微笑，看来是读过不少遍了。读过三遍以上的举手。全都举手了。读过五遍以上的举手。还不肯把手放下。那么沈老师想问大家，你在读之前看到牛、鹅中间还加了一个"和"字。这个课题，你当时觉得这篇文章会写点什么？这位女生。

生：当时我觉得这篇文章会写牛和鹅的故事。

师：会写牛和鹅之间的故事是不是？

生：是。

师：还有没有其他的猜测？

生：我当时觉得这篇文章会写牛和鹅的区别。

师：那可能就是说明性的文章了，牛和鹅的区别，这两种动物看起来没有什么关系是不是？还有没有其他的猜想的？

生：我猜想这可能是写作者和牛还有和鹅之间的故事。

师：你的猜想很准，看完文章以后果然是这样的，是不是？那么老师在读到这个课题的时候也进行了一番猜想，跟大家的差不多。但是我想来想去，作者总要写到这两样事物的。第一个总要写到——也肯定会写到——

生：牛、鹅。

师：那么请大家打开书。既然已经读过很多遍了，我请大家再找一找，作者哪些语段写到了牛和鹅，哪些语段写到了牛，哪些语段写到了鹅，并且在自然段旁边做标记，现在开始吧。

沈老师看大家都标得很快，果然是读过课文了。谁能告诉我哪个自然段写到了牛和鹅，男生。

生：第1自然段写到了牛和鹅。

师：第1自然段写到了牛和鹅，那么牛呢？你来说。

生：第3自然段。

师：只有第3自然段吗？后面有没有写到？

生：和第14自然段。

师：你都找到了。鹅就写得比较多了，你来说。

生：是第4到第8段。

师：只有第4到第8自然段吗？第4自然段一直到……你来说说看。

生：第4自然段一直到第13自然段。

师：都写到了？

生：都写到了鹅。

师：这样说就完整了，第4自然段一直到第13自然段都写到了鹅，那么我们看写谁的多一点？写谁的少一点？你来说说看。

生：是"鹅"写得比较多。

师：但是——

生：但是也写了牛。

师：我当时就在想看来牛是不是非写不可的呢？后来我明白了，是的。我们看作者一开始他和孩子们是怎么对待牛和鹅的？我请四位同学先来读一读第1到第4自然段。第1自然段你来，拿起话筒。

生：大家都说，牛的眼睛看人，觉得人比牛大，所以牛是怕人的；鹅的眼睛看人，觉得人比鹅小，所以鹅不怕人。

师：读得字字音准，而且语速也非常好，让大家听得很清楚，你来读。

生：我们都很相信这句话。

师：第2自然段很短，但是你读得很好，强调了都很相信。第3自然段。

生：所以我们看到牛，一点儿不害怕，敢用手拍它的背，摸它的肚子，甚至敢用树枝去触它的屁股呢！可是牛像是无所谓似的，只是眨眨眼，把尾巴甩几甩。有的孩子还敢扳牛角，叫它跪下来，然后骑到牛背上去。我那时虽然不敢这样，可是用拳头捶捶牛背还是敢的。

师：好，这一自然段最长，但是你一个字也没加也没落，也没读错，非常了不起。第4自然段。

生：我们看到鹅，那就完全两样了，总是远远地站在安全的地方，才敢看它。要是在路上碰到鹅，就得绕个大圈子才敢走过去。

师：你不仅读得正确，而且把感受也读进去了。我要请大家看看这两个自然段，想想他们一开始是怎么对待牛和鹅的，能不能用一个字来概括？怎么对牛的？那位男生说说看。

生：欺负。

师：欺负，说得很准，但是我刚说用一个字，哪个字就行了？"欺"。那对鹅呢？看来大家对鹅都是知道的，你说说看。

生：怕。

师：怕，请大家把"欺"和"怕"这两个字分别写在这两个自然段的结尾。接下来我们看看作者是怎么写孩子们"欺牛""怕鹅"的。请大家先自己默读这两个自然段，一边默读一边圈出这两个自然段中写孩子们动作的词，圈完以后和同桌讨论讨论，你们从动作中读出一些什么体会。然后把你们讨论的体会用一两个词或者短句子写在自然段的旁边。要求清楚了吗？开始。

圈好了不要坐着，跟同桌讨论讨论，从这些动作中你读出一些什么来。同时也可以对两个人圈的一样不一样，开始吧。

有的同学已经开始想要跟大家交流了，我们先来看看大家圈到了哪些动作。一起告诉我吧。第一个是……？

生：看。

师：看是动作吗？我们对牛做了哪些动作？

生：拍。

师：拍？

生：摸、触、扳、骑、捶。

师：拍、摸、触、扳，扳完以后——

生：骑。

师：最后是……？

生：捶。

师：是一个字吗？

师：捶捶，两个字。捶这个字的笔顺，我们一起伸出手指跟老师写。横、竖钩、提，右边先写一个撇、横、竖，再长横、竖、竖、横、横，好。既然是两个，我们再写一遍记住它。孩子们对牛的动作有那么多，作者分别用三句话写的。刚才我跟大家交流交流，发现大家读到的东西不少。说说看，你们从这些动作中感受到什么？体会到什么？后面那位女生。

生：感受到了我们对牛的过分。

师：对牛很过分，你能不能把这种过分读出来，你觉得哪几个动作过分就可以读好这一句话。

生：扳和骑。

生：有的孩子还敢扳牛角，叫它跪下来，然后骑到牛背上去。

师：我觉得这位女生挺温柔的，小心翼翼地。这样牛你是骑不上去的。我请一位胆子大的男生来读这句话。你很有信心。

生：有的孩子还敢扳牛角，叫它跪下来，然后骑到牛背上去。

师：你对牛很凶狠，这只牛太可怜了，但是你读出了孩子的大胆。谁再来试试看，甚至可以加上动作，这位男生。

生：有的孩子还敢扳牛角，叫它跪下来，然后骑到牛背上去。

师：可以加上动作，我们一起来读读看，男生一起来读读看好不好？有的孩子还敢扳牛角……预备齐。

生：有的孩子还敢扳牛角，叫它跪下来，然后骑到牛背上去。

师：大家看起来平常都不是顽皮的孩子。我说了，加上动作。找来读这句话，你们来加上动作好不好？好像你们面前就有一只牛……不要对女生做这个动作！有的孩子还敢扳牛角，叫它跪下来，然后骑到牛背上去。你们又有什么体会？女生说说看？

生：我体会到了牛……我们孩子丝毫不害怕牛的气氛。

师：丝毫不害怕牛的什么？

生：气氛。

师：气氛这个词，我觉得用得不够准。我觉得孩子们看到牛有那种气势，要把牛压下去，骑在它的背上。其他的句子里面还有没有感受的？前面三个动作，这位女生。

生：我感觉是"所以我们看到牛"这句话，孩子们对牛也非常的过分。

师：也非常的过分，从哪儿看出来的？

生：是从"甚至敢用树枝去触它的屁股呢"。

师：从后半句话你能不能连起来读一读？

生：所以我们看到牛，一点儿不害怕，敢用手拍它的背，摸它的肚子，甚至敢用树枝去触它的屁股呢！

师：你把"甚至"后面的这个动作程度就读得比前面强烈，是不是？我们学着她的样子一起来读一读。所以我们看到牛……预备齐。

生：所以我们看到牛，一点儿不害怕，敢用手拍它的背，摸它的肚子，甚至敢用树枝去触它的屁股呢！

师：再稍微重一点好不好？甚至……预备齐。

生：甚至敢用树枝去触它的屁股呢！

师：三个动作程度一样吗？拍和摸，刚才你说过分，过分吗？

生：过分。

师：不算是过分的，但是——你来说说看。

生：用树枝触它的屁股这个算过分。

师：可是牛有反应吗？

生：没有。

师：没有，我觉得大家的性格比较像牛，倒不像那些顽皮的孩子，我们来读读牛的这句话，看看牛的反应。可是牛像是无所谓似的，预备齐。

生：可是牛像是无所谓似的，只是眨眨眼，把尾巴甩几甩。

师：接着读，他们更过分了，有的孩子还敢——预备齐。

生：有的孩子还敢扳牛角，叫它跪下来，然后骑到牛背上去。

师：我从这个男生读书的眼神中看出来他也想骑一骑牛背，你再来读一读这句话。

生：有的孩子还敢扳牛角，叫它跪下来，然后骑到牛背上去。

师：你就有点"欺牛太甚"了。还有一句话是谁的动作？你来说说。

生：是作者的动作。

师：你读读这一句话。

生：我那时虽然不敢这样，可是用拳头捶捶牛背还是敢的。

师：从中你体会到什么？

生：从中我体会到作者虽然胆小但是还是喜欢欺负牛的。

师：你的体会很准确，刚才是怎样的孩子？顽皮的、胆大的孩子都做这些动作，就连平常胆小的作者都敢去捶捶牛背了，都敢去捶两下。刚才有的同学圈到的是一个字"捶"，可是作者写的是"捶捶"，和"捶"有什么区别吗？

生：我认为"捶"字是指比较用力地敲，而"捶捶"是轻轻拍。

师：更加说明了什么？

生：更加说明作者的胆小。

师：她完全读懂了，你的体会跟老师的体会一样，想看看老师在旁边写了哪些体会吗？

生：想。

课堂撷录

师：我刚才写的第一个，跟刚才这位女生说的完全一样。"捶捶"说明轻，"捶"就重了，体现出作者自己比较胆小，但是前面的我跟大家写得不太一样。我觉得这段写出了牛的善良，刚才有同学们说到了孩子们乐意和牛亲近，你们都写了孩子们过分，孩子们"欺牛太甚"，或者孩子们得寸进尺，但是老师为什么这样写？有的同学明白了。你来说说看。

生：是因为我们欺负牛，它只是眨眨眼，把尾巴甩几甩。

师：你还没有说清楚，为什么就说明孩子们和它亲近呢？

生：是因为他们碰到鹅不敢惹它们，碰到牛的话总是跟它在一起。

师：对，我很喜欢你说的"在一起"这三个字，我们再来看看孩子们的动作。第一句话里的动作是"拍、摸和触"，第二句话里面的动作是"扳、骑"，作者是"捶捶"。刚才大家觉得小朋友们很过分，但是仔细想想他们的动作伤害到牛了吗？

生：没有。

师：不算伤害到牛。

生：其实我认为牛只是眨眨眼，把尾巴甩几甩，说明牛很享受。

师：你读出了牛的享受，对，善良的牛是很喜欢跟孩子们在一起的。所以我们换一种感觉来读读这个自然段，跟牛在一起还是蛮温馨的。所以我们看到牛，预备齐。

生：所以我们看到牛，一点儿不害怕，敢用手拍它的背，摸它的肚子，甚至敢用树枝去触它的屁股呢！可是牛像是无所谓似的，只是眨眨眼，把尾巴甩几甩。有的孩子还敢扳牛角，叫它跪下来，然后骑到牛背上去。我那时虽然不敢这样，可是用拳头捶捶牛背还是敢的。

师：刚才我们在旁边写的都是自己的一些体会和感受。老师写了几句话，你们来看看我写的是什么。我请三位同学来读一读。

生：先写比较温柔的动作。

生：随着牛的反应再写得寸进尺的动作。

生：最后写连胆小的自己也敢动手。

师：你们发现没有？老师这样在旁边写的跟刚才有什么区别吗？刚才

我是写的感受、体会，或者一种情感，现在我写的是什么？我读出的是什么？

生：现在这里写的是作者的写法。

师：你看得很准，现在老师写的是作者这些写法。所以我们在文章旁边写批语的时候，不仅可以写写体会、感受，你读懂的写法也可以在课文旁边写一写。接着我们来看鹅。在看鹅之前老师有留两个问题的，就是"像是"和"似的"这两个词，我在读的时候觉得很奇怪，把它去掉行不行？后面的那位女生说说看。

生：不行，因为这里的"无所谓"可能牛不是真的觉得无所谓，只不过是作者的感觉。

师：就是牛是有感觉的，或者作者猜想它是有感觉的，但是从牛的反应来看估计它是……？

生：无所谓。

师：无所谓的，你读得很准。请坐。我们再来看看作者怎么写鹅的，有三个动作，找到了吗？一起告诉我，哪三个？

生：站、看、绕。

师：第一个是站，第二个是看，第三个是绕。从对鹅的动作当中你们读出一些什么？你来说说看。

生：孩子们真的很怕鹅。

师：真的很怕鹅，怎么个怕法？

生：根本不敢靠近它。

师：怎么站的？

生：远远地站在安全的地方。

师：怎么看？

生：害怕地看。

师：怎么绕？绕多大的距离？

生：挺远的距离吧。

师：你能不能读好这段话？

生：我们看到鹅，那就完全两样了，总是远远地站在安全的地方，才

79

敢看它。要是在路上碰到鹅，就得绕个大圈子才敢走过去。

师：从你的朗读中我觉得你跟鹅是好朋友，你一点都不害怕它。我再请一位同学读读看，这位女生。

生：我们看到鹅，那就完全两样了，总是远远地站在安全的地方，才敢看它。要是在路上碰到鹅，就得绕个大圈子才敢走过去。

师：我觉得你读的时候像是在告诫其他人鹅是危险的，但是不是自己看到鹅，真的怕了。我要请一个真的看到鹅怕了的人，这位男生。

生：我们看到鹅，那就完全两样了，总是远远地站在安全的地方，才敢看它。要是在路上碰到鹅，就得绕个大圈子才敢走过去。

师：我觉得他怕得都要哭出来了，这才是真的害怕鹅。我们一起来读读这段话，我们看到鹅，预备齐。

生：我们看到鹅，那就完全两样了，总是远远地站在安全的地方，才敢看它。要是在路上碰到鹅，就得绕个大圈子才敢走过去。

师：我觉得大家对这种害怕程度感受得还不够，你们刚才还有什么体会吗？可以再说说看。这位女生。

生：我通过牛和鹅的区分，我觉得通过孩子们对牛的不害怕以及对鹅的害怕来衬托出他们反应的变化。

师：就是他们反应中的完全不同，做对比。她读出来了。这位女生说说看。

生：我的感受是如果把牛和鹅放在一起的话，再看看孩子的对比，那么就有点"欺软怕硬"了。

师：你还用了一个词"欺软怕硬"。这个词好，我还想到一个"欺善怕恶"。那么注意，他看到鹅那么害怕，我们刚才好像都是理直气壮的，听老师来读一读好不好？你既然体会到了，应该把它读出来。我们看到鹅，那就完全两样了，总是远远地站在安全的地方，才敢看它。要是在路上碰到鹅，就得绕个大圈子才敢走过去。谁能来读好？这位女生。

生：我们看到鹅，那就完全两样了，总是远远地站在安全的地方，才敢看它。要是在路上碰到鹅，就得绕个大圈子才敢走过去。

师：掌声送给这位女生。我觉得她读出了那种胆怯的感觉，还有人想读，谁想读的，我们一起来读。声音不用太响，因为响了就不怕了是不是？我们看到鹅，预备齐。

生：我们看到鹅，那就完全两样了，总是远远地站在安全的地方，才敢看它。要是在路上碰到鹅，就得绕个大圈子才敢走过去。

师：沈老师在读这段的时候在旁边写了这样一句话，鹅已经不是鹅了，是什么？

生：是我们心目中的魔鬼。

师：是魔鬼，还是什么？

生：鹅已经不是鹅了，已经是阎王。

生：鹅已经不是鹅了，是个大怪物。

师：是个怪物，是个鹅精。

生：鹅已经不是鹅了，是一只会吃人的大怪兽。

师：是一只会吃人的大怪兽了。总之，鹅在孩子们心目中已经代表了什么？邪恶、危险。

生：我觉得鹅在孩子们心目中还代表了凶恶。

师：凶恶，刚才大家体会都很多。把你体会到的词，妖怪也好，魔鬼也好，凶恶也好，写在鹅这个自然段的旁边。我们看，大家在学习文章的时候可以把自己有感触的地方在文章里面圈圈画画，不光可以写下感受，提提问题，还可以写写自己读懂的一些写法。而刚才大家写的是对鹅的一种什么？是对文中人物或事物的一种评价，也可以写在课文的旁边，这个过程就是——

生：批注。

师：这是一个好方法。以后在阅读的时候要多用。同学们，我们体会到了作者是怎么写出孩子们"欺牛怕鹅"的，那么他们为什么那么欺牛，那么怕鹅呢？是有原因的，是不是？在文章什么地方写了？

生：在文章第1自然段写到了。

师：开头就写了，我们来读一读，我请两位同学来读一读，举手的人多了。

生：大家都说，牛的眼睛看人，觉得人比牛大，所以牛是怕人的；鹅的眼睛看人，觉得人比鹅小，所以鹅不怕人。

师：你比刚才读的时候好多了，我记得刚才是不是也是你读的？有感觉了。第2自然段。

生：我们都很相信这句话。

师：沈老师在读这两个自然段的时候也圈出了一些东西，还产生了一些疑问，想不想帮老师解决一下？

生：想。

师：来看看我圈出的不是动作而是标点，我想到了几个问题。第一个，这里光写了个冒号，为什么不加引号呢？第二个，这里为什么用分号呢？第三个，我还在想刚才我们读着多麻烦，第2自然段很短，为什么不写到一块儿去呢？请大家同桌讨论讨论，然后帮我解决。

看来说到帮老师，大家都很积极。第一个谁来说一说？你来。

生：这里不加引号是因为不是直接说的。

师：不是直接说的，也就是说不是大家原本说的那句话，你说了"不是"而是什么呢？

生：不是大家原本说的这句话，而是大家所表达的大概的意思。

师：你看你通过学习、讨论跟我产生了一致的想法。我后来读懂了，是人们说的意思而不是人们的原话。第二处为什么用分号呢？

生：因为这边牛和鹅的话，是有那么点相似的，所以用分号。

师：是有那么点相似的，我没听懂这句话。请你自己纠正。

生：这边加分号可以看得出他们牛和鹅的不同看法。

师：你刚才说的"相似"我想了想明白了，这两句话的写法是不是很相似？

生：是的。

师：完全一样的，读读看。

生：大家都说，牛的眼睛看人，觉得人比牛大，所以牛是怕人的；鹅的眼睛看人，觉得人比鹅小，所以鹅不怕人。

师：你看你读得多清楚啊。就是因为有这个分号，把这两种看法给分清楚了。请坐，下面一个问题有点难，我一直在想两段话可以直接一起写的，就是"我们都很相信这句话"干吗要单独写一个自然段呢？这位男生。

生：我认为这一小节可以衬托出鹅的强大和牛的弱小。

师：你还把它联系起来一起看了，为什么呢？

生：因为这边是"我们都很相信这句话"而不是只有我一个人很相信这句话。

师：你还读懂了里面细微的含义，我们都很相信这句话，也就是说这句话对我们产生了——

生：产生了共鸣。

师：产生了共鸣，很大的影响。你读懂了，请坐。再联系下文看看呢？看看第3自然段一开始是怎么写的。这位女生说说看。

生："我们都很相信这句话"为什么要单独写一个自然段，我还有一个不同的意见，就是它有引出下文的作用。

师：你说得很专业，它有一个引出下文的作用。

生：因为下文第3自然段的前面"所以我们看到牛"。

师：如果像我那样把它合到前文一块儿会怎么样？

生：第3自然段如果这样写就很突然了。

师：对的，而且这样一写，"我们都很相信这句话"接下来两个自然段就写相信这句话的……？

生：相信这句话的结果。

师：他说得好，相信这句话的结果或者说一种表现，马上就写了对牛怎么样对鹅怎么样，看来大家读出的东西比我的还要多。我们一起读读这两个自然段，注意在读的时候让我体会到当时孩子们的那种心情。大家都说，预备齐。

生：大家都说，牛的眼睛看人，觉得人比牛大，所以牛是怕人的；鹅

83

的眼睛看人，觉得人比鹅小，所以鹅不怕人。我们都很相信这句话。

师：我看到有好几个同学在读第2自然段的时候还点头了，我们都很相信这句话，我们再来一起读读这个短句子，我们都……预备齐。

生：我们都很相信这句话。

师：所以他们会产生下面的表现，老师很想跟大家一块儿来读一读后面两个自然段。我们一人读一句好不好？来读读我们都很相信这句话的表现，你们先读。所以我们看到牛……

生：一点儿不害怕，敢用手拍它的背，摸它的肚子，甚至敢用树枝去触它的屁股呢！

师：后面胆子要大一点。可是牛像是无所谓似的，只是眨眨眼，把尾巴甩几甩。

生：有的孩子还敢扳牛角，叫它跪下来，然后骑到牛背上去。

师：我那时虽然不敢这样，可是用拳头捶捶牛背还是敢的。

生：我们看到鹅，那就完全两样了……

师：有的人看到鹅都吓得颤抖了，所以没有读整齐。来，整齐地读读。我们看到鹅，预备齐。

生：我们看到鹅，那就完全两样了，总是远远地站在安全的地方，才敢看它。

师：要是在路上碰到鹅，就得绕个大圈子才敢走过去。后来作者和孩子们对牛和对鹅的态度改变了吗？一开始是欺牛怕鹅，可是到最后呢？既不欺牛也不怕鹅，那么是什么事情让作者产生了这么大的改变呢？这是我们第二课时要去了解，要去读懂的。作者是怎么样通过一个具体的事例来写出孩子们对牛对鹅看法的改变，并且有什么领悟。好，那么课堂的最后，我请大家动动笔，喜不喜欢老师的这个字体？

生：喜欢。

师：照着它练，字就会越写越好，请大家按照这个字体，认真把今天学到的五个词语写在课题下的空白处。注意起笔和收笔的位置，这样你才能写得跟范字像。写的时候背挺直，不然要近视了。"捶"的笔顺要注意。这位女生写完了，她的字跟范字非常像，所以课后大家可以互相交流交流，看看谁的字写得更接近字帖好不好？回去以后请大家继续学习5到15自然段，边读边进行批注，把你的感受、疑问、读懂的写法等可以写在语段旁，在课间和同学、老师交流交流。好，今天我们学习就到这里，下课。

本课执教于2019年11月"浦东之秋"小学语文高峰论坛

课堂撷录

习作指导课《扳手腕》课堂教学实录

师：今天，一场大家拭目而待、期待已久的焦点之战即将打响，两位同学要上台干什么？

生：扳手腕。

师：要进行一场激烈的扳手腕比赛。我是今天的特邀主持人沈老师。那么接下来就请大家用掌声请出这两位选手，第一位外号"熊掌"，请上场。

生：大家好，我是熊掌，就算钢铁在我的面前我也能一拳把它打碎！

师：掌声送给"熊掌"。看来熊掌的气势很足，请出第二位"虎掌"，请上场。

生：大家好，我是虎掌，就算钢铁在我面前也是塑料泡沫！

师：掌声送给"虎掌"。看来两个同学还没开始就针锋相对，一个说自己的手臂像钢铁那么坚硬，一个说钢铁在他的面前就好像泡沫塑料，那么究竟谁强谁弱呢？我们战场上见分晓。请坐，先仔细听沈老师讲规则，首先伸出你们的右手，大拇指先扣好。接着左手放在自己的腿部，不允许放在其他的地方，不许拿上来助力。另外手肘放在桌面上，手肘不许离开桌面。别着急，先不要用力，等沈老师说比赛开始的时候，你们才正式开始。其他同学注意，你们在比赛过程中是有任务的，干什么？

生：加油。

师：为他们加油鼓劲是肯定的。首先请大家仔细观察，他们的动作、神态，另外为你支持的选手加油鼓劲，大家准备好了没有？

生：准备好了。

师：把背挺起来，这样你才可能获胜。准备！我已经感受到他们的力量了……预备……比赛开始！

生：加油，加油，加油……

（比赛结束）

师：刚才熊掌的手臂已经被虎掌牢牢压下去，但是他始终没有放弃，我们先把掌声送给他。我来采访一下两位选手，这场比赛相当的激烈。先采访一下获胜的虎掌，你现在有什么感受？

生：酸。

师：还有在比赛过程中你有什么感受？

生：手出汗了。越到后面越感觉撑不住的样子。

师：但是你坚持到了最后，所以是获胜者。虽然他很谦虚，他说越到后面越感觉坚持不住，其实你一直压着对手，那么熊掌有什么想说的呢？

生：我觉得他虽然一直压着我，但是我想找机会反扑，一找到机会立马往那边移。

师：可是还是虎掌更胜一筹是不是？

生：甘拜下风。

师："甘拜下风"这个词用得好。我觉得熊掌的风度值得我们为他鼓掌。我们回到座位。沈老师要把两块金牌分别送给他们，我觉得他们都是实至名归的冠军。一个是力大无穷的虎掌，一个是风度翩翩的熊掌。掌声送给他们！请回到座位。刚才的比赛非常激烈，那么大家观察到什么呢？我要请大家来交流交流，你看到他们的哪些动作或者神态都可以说一下，这位女生。

生：到比赛后面的时候我才看到虎掌的神态。其实跟虎掌说的一模一样，他的表情就是一点坚持不住的表情，虽然他最终还是获胜了。

师：如果用一个具体的词来说，其实你看出来了他的牙齿紧紧地……？

生：咬紧牙关。

师：咬紧牙关坚持。好，你观察到了一个，非常好。

生：简单来说根据他的面部表情，我能推测出他这个时候是非常非常用力才把熊掌给压下去的。

师：他在不断地使劲，不断地使劲压下去。你刚才说的是后半段，那么前半段呢？一开始他们伸出双手以后呢？这位女生你来说。

生：他伸出双手以后他们本来是打平的，后面虎掌感觉不公平，我看见他的眼神了，后面就感觉他赶紧往那边按下去。

师：他的眼神怎么样？

生：他的眼神一直感觉想把他打败的样子。

师：你说的是一种感觉，那么他的眼神呢？其实我刚才仔细看双方的眼神都紧紧地……？

生：盯着对方。

师：每个人都不甘心被对方压下去。后面的那位男生。

生：我主要观察的是熊掌，熊掌在扳手腕的时候刚开始脸部的颜色是很浅的，而且还面带笑容，后面慢慢地脸部颜色变红了。

师：你还说出了他的过程，前面他还在笑，熊掌有一排标志性的大门牙，是不是？但是后来呢？后来他的神情？

生：后来他的神情慢慢绷紧，然后脸都变红了。

师：这个词用得好，慢慢绷紧了，变红了，脸都绷住了，都被你观察出来了。他们扳的动作呢？有发现吗？这位女生说。

生：首先是打平，然后左边一下就歪了一点，到最后一点的时候熊掌用力把手扳回来一点点。

师：一个是用力往下压，另一个词你用得很好，另一个是把它往下扳，或者说推、抵抗都可以，是不是？还有没有什么动作？他们的另外一只手你发现了没有？另外一只手在干吗？我来采访一下刚才熊掌这位同学，你的另外一只手在做什么动作？

生：我另外一只手其实在底下暗暗压着大腿，然后给自己使劲。

师：你的裤子都被你抓得皱起来了，除了手呢？我刚才看到虎掌的脚也有动作。你们只看到了他们的神情、手部。虎掌我问你，你的脚刚才在做什么动作？

生：蹬地。

师：脚在使劲地蹬着地面。我感觉你不仅在蹬地面，我观察到你的双腿还紧紧地夹着桌子。大家都观察到了他们在比赛过程当中的神态和动作，那么我们怎么样把这个经过清清楚楚地写出来呢？能一股脑地把这些东西全都写出来吗？

生：不能。

师：你觉得要怎么样写？你来说。

生：要抓住一些动作写。

师：要抓住一些动作，或者说把每个人各自的这些动作，一个一个、一句话一句话地写清楚，才能把这种过程当中的你来我往清楚地再现在大家的面前。所以这是大家在写的时候要注意的，也就是每个人做了什么表情，他有什么表现，这种你来我往，把激烈的过程表现出来。好，接下来我们要开始动笔写了，请大家注意要求，第一个把扳手腕的比赛经过写出一段话，也就是说前面的需不需要写？

生：不需要。

师：不需要，直接从老师一声令下开始，在写的过程中要注意双方的动作神态，有些我写在黑板上了，有些可能是你观察到的，另外如果你是参赛选手的话，你还可以写写自己当时的心理活动。

好，接下来请大家拿出写作纸，给大家15分钟的时间，完成这一段话的写作，现在开始。

好，我们来交流交流，看看大家写得怎么样。没写完没关系，一会儿还有机会写。谁来把自己的文章给大家读一读？有这么多同学，这位女生吧。

你写了很多。请大家看到屏幕上。我们一起来读一读，看看她是否把这两位同学的动作、神态写清楚了。"老师一声令下，熊掌和虎掌伸出自己的右手开始比赛。"这句话清楚吗？非常清楚，而且写到哪个动作？

生：伸出。

师：伸出。"刚开始熊掌面带笑容，风度翩翩地伸出右手。虎掌虽然面带笑容，可是从他的眼睛里发出了一种坚定、看来一定要赢熊掌的光。"你写的就是他们眼神的斗争，就是还没开始，两个人的眼神已经在互相之间的争斗，这句话蛮有意思的，但是要写得更清楚一点。他虽然面带笑容，可是从他的眼睛里发出了一种坚定——其实这个预示着后来虎掌赢了——看起来一定要赢熊掌的光。沈老师觉得这句话等一会儿可以稍做修改，可以换一换，就好像什么？他的眼神很坚定，就像是什么？他们的手互相握着，注意这个"着"，"势均力敌"这个词语用得好，可以在课后查一查字典，把字写正确。"在中间一动也不动"把当时的场面写出来了，"只能看见那两只手在微微地颤动"这句话精彩吧？掌声送给她。把这个"不动"也写出了"动感"。"比赛中途他们两个注意很集中，那可是大眼瞪小眼"这句话可以去掉，可以换一个你的想象，"真是大眼瞪小眼"就好像"两道闪电互相在拼命地击打对方或者射击对方"。"再看看虎掌的腿紧紧夹着桌子腿；熊掌满脸……"我想她会继续往下写下去，大家觉得她的怎么样？

生：很棒！

师：你来说说看。

生：很棒。除了有几个错别字以外。

师：除了有几个错别字的，他给你提出小建议，其他的棒在什么地方？你来说说看，好在什么地方？

生：她把动作写得很清楚。

师：说明她观察的时候非常仔细，不仅仅有动作，她还着重写两个人的神态，把这个比赛的过程还原在大家的面前。刚才沈老师趁机把这个过程录了下来，我们再来仔细看看，等会儿在你修改的时候可以把神态、动作再进行一些补充。

（播放比赛回放视频）注意看虎掌的眼睛。你看他都咬紧牙关，看他的左手紧紧捏着自己的裤腿，一点点地、一点点地被他扳下去。另外你们发现没有？这个场面要热闹好像少了一点什么，你们在写的时候少了什么？你来说。

生：我们的热烈。

师：对，观众的热烈加油。所以等会儿请大家在修改的时候除了把自己刚才的动作、神态再可以稍加补充以外，比如说动作你可以加一点修饰语，"握着"，怎么样的握，好像什么？另外还可以补写一下观众的表现，让这个过程更加的激烈、精彩。好，接下来沈老师再给大家五分钟的时间对自己的文章做进一步的修改，改完以后我们再来交流交流。现在开始。

时间到了。刚才沈老师发现几位同学增加了几句话以后这个语段变得更加精彩，我看这位男生加了一个，我来给大家读一读。他原来写的是"老师一声令下，比赛开始，这时的气氛一下子热闹起来了。"后来他加了一句"大家使出全力喊'加油加油，必胜必胜！'"你觉得他这一句话加得好在哪里？

生：他写的这个场面非常的热闹，加一句话写观众喊的什么，就显得整个场面更热闹了。

师：对，原来他只是说热闹，但是怎么样热闹没说清，现在加上去以后就更加有意思。刚才还有几位同学写得很精彩，我很想给大家读一读。这位女生的。"今天熊掌和虎掌要开始扳手腕比赛，他们俩撸起袖子，手一握。裁判沈老师说'预备开始'，他们的手紧紧捏住对方，眼神和手开始激烈地斗争。熊掌一会咬紧牙关，一会笑嘻嘻的。虎掌不断使劲，可熊掌那双大腿紧紧地夹住桌子，使出了九牛二虎之力。虎掌那时已经脸红了，力气也不足了，支持虎掌的同学都急得不停地在吼"这就写出了什么？

生：观众的反应。

师：把当时的场面写得更加激烈。"而支持熊掌的同学脸上都露出了灿烂的笑容。"看来他还分了支持不同同学的两种人来写的，太好了！"渐渐地渐渐地，熊掌把虎掌……"他还没有写完，这里我看他要转折了，这个比赛可能要向另一个方向发展了，掌声送给这位女生。还有后面

91

一位男生写得很有意思，我给大家读一读。"两位选手伸出手互相握得牢牢的。熊掌眼睛一直盯着对方，有着很大的杀气。他还露出了他的笑容，大牙咬得紧紧的。虎掌也不甘示弱，嘴闭着，很紧张，眼睛斜着。熊掌的腿把另一只手夹得很紧。虎掌就不是夹手了，都把桌子差点夹走了。"他还观察到桌子被夹得移动了，写得很幽默。"可能因为他有手汗，可以看出来他的手一会滑到左边一会滑到右边。熊掌的脸开始是正常的，到了后面脸色都发红了。虎掌就更不用说了，脸红得跟太阳一样。"这几句是他后面加上去的，你看加上这几句话就把当时脸涨得通红写得很有意思。"虎掌突然发力把熊掌压到左边，熊掌坚持了一会……"还没完全写完，我估计接下来就要写比赛的结果了，掌声送给这位男生。

其实我们大家都写得很有意思，很不错。我建议大家小组内在课后互相交换着读一读，看对方是不是把过程写出来了。时间关系，本来我还想请两位参赛的选手来读一读自己写的文章呢。课后，请大家把这个故事的起因和结尾加上去，变成一篇完整的文章，明白了吗？最后我想再次把掌声送给两位参赛选手和你们自己，文章写得很精彩，而且两位同学都表现出了"友谊第一，比赛第二"的精神，我看他们没有在乎胜负，所以两位同学得到的都是金牌。今天我们就学到这里，回去以后把文章继续完善，下课！

浅研寥记

学而不思则罔，思而不学则殆。

——孔 子

部编版小学语文五年级上册第四单元作业（练习）设计及说明

一、单元信息

基本信息	学科	年级	学期	教材版本	章	起止节	单元名称
	语文	五	一	义务教育教科书（五·四学制）	四	P49-P64	第四单元

课时信息	序号	课时名称		对应教材内容			
	1	《古诗三首》第1课时		12 古诗三首			
	2	《古诗三首》第2课时		12 古诗三首			
	3	《圆明园的毁灭》第1课时		14 圆明园的毁灭			
	4	《圆明园的毁灭》第2课时		14 圆明园的毁灭			
	5	《小岛》		15 小岛			
	6	《语文园地》第1课时或第2课时		第四单元 语文园地			

单元作业目标	编码	目标描述	学习水平	其他要求	编题建议
	YW05104001	在语境中读准生字的字音	A1		
	YW05104002	抄默指定的词语	A1		
	YW05104003	默写指定的古诗、课文	A1		
	YW05104004	解释古诗的大致意思	A2/B		

	编码	目标描述	学习水平	其他要求	编题建议
单元作业目标	YW05104005	正确使用顿号	A3/B		
	YW05104006	辨析词语的异同,选择词语写一段话	A3/B		
	YW05104007	识记指定的成语	A1		
	YW05104008	解释句子在语境中的意思	A2/B		
	YW05104009	创造性复述课文	A2/B		
	YW05104010	概括文章表达的思想感情	A2/C		
	YW05104011	借助资料,对文中的内容做出补充或说明	A2/B		
	YW05104012	说明文章所写的内容、顺序与中心的关系	A3/B/C		
	YW05104013	根据给定材料的内容,编写习作提纲	A4/B		
	YW05104014	根据习作提纲分段叙述,把重点部分写具体	A4/B		
	YW05104015	认同作者表达的爱国之情	C		
	YW05104016	主动用文字记录自己的所思所想,感受想象的乐趣	B/C		
	YW05104017	根据主题,结合资料,畅想二十年后的城市生活,将畅想的内容与同伴分享	A4		

二、案例正文

(一)课时作业

《古诗三首》第1课时

Z1001:下列选项中,与《题临安邸》诗句完全一致的是:(　　)。

A.山上青山楼外楼,西湖歌舞几时休?

B.山外青山楼外楼,西湖歌舞何时休?

95

C. 暖风熏得游人醉，直把杭州作汴州。

D. 暖风熏得游人醉，直拿杭州作汴州。

答案：C

Z1002：在横线上填写诗句。

从《示儿》这首诗中我们了解到诗人临终前的遗憾是＿＿＿＿＿＿＿

＿＿＿＿＿＿＿＿＿＿＿＿＿＿＿＿＿＿＿＿（用原句回答），诗

人的遗愿是＿＿＿＿＿＿＿＿＿＿＿＿＿＿＿＿（用原句回答）。

答案："死去元知万事空，但悲不见九州同。""王师北定中原日，

家祭无忘告乃翁。"

Z1003：根据古诗内容判断下面的说法是否正确。（正确的画"√"，

错误的画"×"。）

（1）"题临安邸"的"邸"是官邸、府邸的意思。　　　　（　　）

（2）陆游生前为什么没有见到"王师北定中原日"？读了《题临安

邸》中"西湖歌舞几时休"和"直把杭州作汴州"，我们发现原来是南宋的

统治阶级贪图享乐，安于现状，却不思收复失地。　　　　（　　）

（3）《题临安邸》中诗句"西湖歌舞几时休？"中的一个"几时

休？"是作者在发出询问，想知道这一场歌舞什么时候结束。　　（　　）

答案：1.×　2.√　3.×

Z1004：关于课文中的三首诗，你还想了解什么？还存在哪些疑问

呢？你可以尝试去查找资料，解决这些问题。

我的问题	
资料来源（打"√"）	书籍（　　）　　报刊（　　）　　网络（　　） 师长（　　）　　其他＿＿＿＿＿（请注明来源）
我的解答	

《古诗三首》第2课时

Z2001：在横线上填写正确的序号。

古诗的题目往往会告诉我们一些信息，这三首古诗也是如此。《题临

安邸》的题目告诉我们作者写作的_____；《己亥杂诗》的题目告诉我们作者写诗的_____；《示儿》的题目让我们知道了作者写诗的_____。

A. 时间　　　　　B. 地点　　　　　C. 事物　　　　　D. 目的

答案：B；A；D

Z2002：填空。

《己亥杂诗》中，_____和_____这两个词语经过后人的传承沿用，成为"成语"。

答案：不拘一格；万马齐喑

Z2003：结合资料，写一写"我劝天公重抖擞，不拘一格降人材。"这句诗表达了诗人怎样的情感。

资料链接：

1839年（道光十九年；己亥年，猪年），是19世纪30年代的最后一年。当时的英国正处于工业革命时期，中国则处于鸦片战争前夕。

这一时代，正值清朝封建统治制度落后、人才紧缺、国家危机四伏；西方殖民者对中国虎视眈眈；鸦片祸害愈演愈烈，大量白银外流使政府财政匮乏，人民困苦。

龚自珍生活在鸦片战争前夕，他具有强烈的爱国主义精神，主张改革内政，抵抗外国侵略。

答案要点：结合资料，可以体会到龚自珍对当时国家前景的担忧，他急切地期盼国家能重新振作精神，不要墨守成规，同时希望普天下涌现出各式各样的人才。

Z2004：交流体会。

学习了三首古诗，我们发现《示儿》和《题临安邸》写于同一时代，而《己亥杂诗》写于1839年，前后相差600余年。三首诗表达的方式不

浅研寥记

同，但情感却是相通的。关于课文中的三首古诗，你还查找了哪些方面的资料？对于这三首古诗表达的情感，有哪些更深入的体会？请跟你的同学、老师交流一下吧。

《圆明园的毁灭》第1课时

Z3001： 下面每道小题中，都有一个选项的拼音是正确的，请把它的序号写在括号里。

（1）A. 不可估量（liàng）　B. 玲珑剔透（tī）　C. 损失（shǔn）　D. 象征（zhēn）（　　）

（2）A. 武陵春色（níng）　B. 亭台楼阁（tín）　C. 瑰宝（guī）　D. 奉献（fèn）（　　）

答案：1.B　2.C

Z3002： 看拼音，完成填空。

圆明园是一座（　jǔ shì wén míng　）的皇家园林，许多小园（众星拱月）般分布在周围。园中有（　jīn bì huī huáng　）的殿堂，也有玲珑剔透的亭台楼阁，它不但建筑（　hóng wěi　），还收藏着最珍贵的历史文物。1860年，英法联军闯进圆明园，掠走无数（　qí zhēn yì bǎo　），运不走的，就任意破坏、毁掉。大火连烧三天，使圆明园化为（　huī jìn　）。

答案：举世闻名、众星拱月、金碧辉煌、宏伟、奇珍异宝、灰烬。

Z3003： 根据要求完成"学习记录卡"。

（1）概括课文第2—4自然段的意思，填写在"圆明园的毁灭"这一栏里，并判断文章第二、第三部分是详写还是略写。

（2）选做题。读读文章，再结合课后的阅读链接，和同桌交流：侵略者分别有哪些野蛮的行径？这三篇文章的作者想要表达怎样的情感？完成"学习记录卡"的剩余部分。

学习记录卡			
题目	圆明园的毁灭	题目： 七子之歌 （节选） ①澳门 ②香港	题目： 和平宣言 （节选） 南京
第一部分 （略）写	①圆明园的毁灭是中国以及世界文化史上不可估量的损失。		
第二部分 （　）写	②＿＿＿＿＿＿＿＿ ③＿＿＿＿＿＿＿＿ ④＿＿＿＿＿＿＿＿		
第三部分 （　）写	⑤圆明园被毁灭的经过		
侵略者			
表达了作者对侵略者＿＿＿＿＿，对祖国遭受掠夺、人民遭受屠杀的＿＿＿＿＿。			

答案要点：

学习记录卡			
题目	圆明园的毁灭	题目： 七子之歌 （节选） ①澳门 ②香港	题目： 和平宣言 （节选） 南京
第一部分 （略）写	①圆明园的毁灭是中国以及世界文化史上不可估量的损失。		
第二部分 （详）写	②园内布局 ③建筑风格 ④收藏文物		
第三部分 （略）写	⑤圆明园被毁灭的经过		
侵略者	掠夺、毁坏我国的历史文物	掠夺我们的土地	屠杀我们的人民
表达了作者对侵略者 无比痛恨，对祖国遭受掠夺、人民遭受屠杀的 痛惜之情。			

浅研寥记

表格内的填写内容为回答要点，学生回答能表达出要点意思即可。

（1）概括课文第2—4自然段的意思，填写在《圆明园的毁灭》这一栏里，并判断文章第二、第三部分是详写还是略写。

设计说明：梳理文章脉络，厘清写作思路。概括段落意思，用提纲的形式来简要记录。在初步了解内容的基础上，感受文章的详略布局。

（2）选做题。读读文章，再结合课后的阅读链接，和同桌交流：侵略者分别有哪些野蛮的行径？这三篇文章的作者想要表达怎样的情感？完成"学习记录卡"的剩余部分。

设计说明：结合课后阅读链接的补充资料，了解侵略者不仅掠夺、毁坏我国的历史文物；还掠夺我们的土地，屠杀我们的人民的野蛮行径。激起学生对侵略者的愤慨，对祖国遭受掠夺、人民遭到屠杀的痛惜之情，从而激发学生不忘国耻，增强振兴中华的责任感和使命感。

《圆明园的毁灭》第2课时

Z4001：读句子，在方框里填入正确的标点。

（1）它由圆明园□万春园和长春园组成，许多小园分布在圆明园东□西□南三面，众星拱月般环绕在圆明园周围。

（2）上自先秦时代的青铜礼器□下至唐□宋□元□明□清历代的名人书画和各种奇珍异宝。

答案：它由圆明园、万春园和长春园组成，许多小园分布在圆明园东、西、南三面，众星拱月般环绕在圆明园周围。

上自先秦时代的青铜礼器，下至唐、宋、元、明、清历代的名人书画和各种奇珍异宝。

Z4002：根据第2自然段的内容，展开想象，简单画出圆明三园和周围小园的布局，再和同学说一说这样画的理由。

答案要点：在图画中突显"众星拱月"的布局特点。

Z4003：简答题。

课文题目是"圆明园的毁灭"，作者为什么用那么多笔墨写圆明园昔日的辉煌？和同学交流你的想法。

_____

_____

_____

_____

答案要点：详写圆明园昔日的辉煌，突出它在中国乃至世界文化史上的地位，抒发作者对祖国灿烂文化的热爱；美丽的园林被侵略者野蛮破坏，前后对比，更能触动读者的痛惜之情，激发学生不忘国耻，增强振兴中华的责任感和使命感。

Z4004：结合给定资料和课文内容，说说为什么"圆明园的毁灭是中国文化史上不可估量的损失，也是世界文化史上不可估量的损失"。

浅研寥记

资料链接：

清朝皇帝为了追求多方面的乐趣，在长春园北界还引进了一批欧式园林建筑，俗称"西洋楼"，由谐奇趣、线法桥、万花阵、养雀笼、方外观、海晏堂、远瀛观、大水法、观水法、线法山和线法墙等十余个建筑和庭园组成。于乾隆十二年（1747）开始筹划，至二十四年（1759）基本建成。由西方传教士郎世宁、蒋友仁、王致诚等设计指导，中国匠师建造。建筑形式是欧洲文艺复兴后期"巴洛克"风格，造园形式为"勒诺特"风格。但在造园和建筑装饰方面也吸取了中国不少传统手法。建筑材料多用汉白玉石，石面精雕细刻，屋顶覆琉璃瓦。西洋楼的主体，其实就是人工喷泉，时称"水法"。特点是数量多、气势大、构思奇特。主要形成了谐奇趣、海晏堂和大水法三处大型喷泉群。

西洋楼景区整个占地面积不超过圆明三园总占地面积的百分之二，只是一个很小的局部，但它却是成片仿建欧式园林的一次成功尝试。这在东西方园林交流史上，占有重要地位，曾在欧洲引起强烈反响。一位目睹过它的西欧传教士赞誉西洋楼：集美景佳趣于一处，凡人们所能幻想到的、宏伟而奇特的喷泉应有尽有，其中最大者，可以与凡尔赛宫及圣克劳教堂的喷泉并驾齐驱。这位传教士的结论是——圆明园者，中国之凡尔赛宫。

答案要点：可以从课文中介绍的布局特点、建筑特色、珍贵文物等历史价值来谈圆明园的文化价值；也可以从收集到的相关历史背景来谈对圆明园毁灭是中外文化史上巨大损失的体会；言之有序，言之有据。

《小岛》

Z5001：圈出下列词语中带点字的正确读音。

炊事员（cuī chuī）　　　　牙龈（yín yíng）

汤勺（sáo sháo）　　　　海域（huò yù）

答案：

炊事员（cuī (chuī)）　　　　牙龈（(yín) yíng）

汤勺（sáo (sháo)）　　　　海域（huò (yù)）

Z5002：简答题。

文章的最后一个自然段写道："他向着太阳，向着那片绿色，也向着小岛，行了一个标准的军礼。"请结合资料，写写你对这句话的理解。

_____

_____

_____

_____

_____

_____

答案要点：将军对守岛战士艰苦奋斗的精神的敬意；对守岛战士乐观向上的生活态度的敬意；对守岛战士热爱海岛、热爱祖国的情怀的敬意。

Z5003：创造性复述课文。

（1）想想将军登上小岛后发生了哪些事，列出复述提纲。

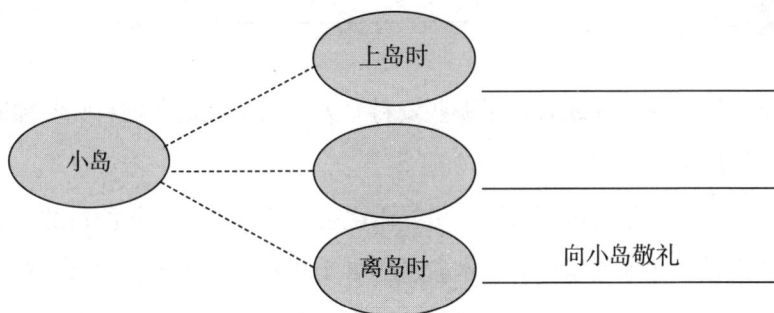

（2）思考将军在岛上经历这些事情时心里在想什么。

（3）将军被守岛战士深深感动。离开小岛后，他在一次大会上讲述了自己登上小岛后发生的故事。假如你就是将军，向同伴讲一讲这个故事，并请他们评一评。

评价标准	得星
能用将军的口吻讲述故事。	☆
故事内容完整，语句通顺，表述连贯。	☆
故事内容删、减、改、补合理。	☆
能加上需要的动作、神态来增强表达效果。	☆
音量适中，口齿清楚，态度自然大方。	☆

答案要点：填写复述提纲——上岛时，将军视察中发现战士的种菜法子；晚饭时，将军与战士分享一盘小白菜。

Z5004：交流活动。

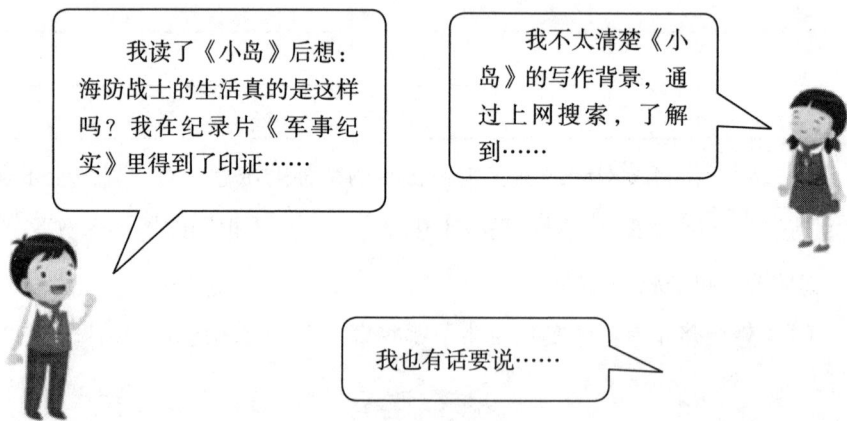

我读了《小岛》后想：海防战士的生活真的是这样吗？我在纪录片《军事纪实》里得到了印证……

我不太清楚《小岛》的写作背景，通过上网搜索，了解到……

我也有话要说……

学习课文时，你还查找了哪些资料？为什么查找这些资料呢？和同伴交流你的想法。

设计说明：结合阅读实践，引导学生初步梳理查找资料的目的、策略和方法途径。比如当学生对文本叙述的事实和基于事实表达的情感有疑惑时，就需要查找资料，以丰富必要的历史、文化背景，了解作者的写作背景，从而获得对文本准确、深入的理解。在单元自读课文阶段回顾这段经历，能为学生以后在阅读中合理、熟练运用这一方法奠定基础。

《语文园地》第1课时

Z6001：读一读，判断下面的说法是否正确。（正确的画"√"，错误的画"×"。）

（1）学习古诗《题临安邸》，我们借助资料，了解了南宋统治者在残存的一片土地上苟且偷安的历史背景，就更体会到诗句"暖风熏得游人醉，直把杭州作汴州。"表达出的对当权者只图享乐而不思收复国土的愤慨。（　　）

（2）通过查阅有关圆明园的资料，我们更深入地理解"圆明园的毁灭是中国文化史上不可估量的损失，也是世界文化史上不可估量的损失！"所以，朗读这句话时，我们可以读得缓慢、沉重一些，读出痛惜之情。（　　）

答案：1.√　2.√

Z6002：读读下面的词语，说说每组词语的意思有什么相同或不同。选择其中的一个词语写一段话。【不少于30字】

举世闻名	兴高采烈	足智多谋	呕心沥血
臭名远扬	得意忘形	诡计多端	处心积虑

我选择的词语：（　　　）

_____

_____

_____

Z6003：把下列词语补充完整。

太平（　　）　　国（　）民（　）　　（　）衣（　）食

安居（　　）　　家（　）人（　）　　（　　）遍野

民不（　　）　　（　）忧（　）患

答案：太平盛世、国泰民安、丰衣足食、安居乐业、家破人亡、尸横遍野、民不聊生、内忧外患。

Z6004：简答题。

本单元的学习内容，无论是古诗，还是现代文，所有选文字里行间都蕴含着强烈的爱国之情。

请你选用"日积月累"中学过的成语，结合本单元课文、阅读链接或

浅研絮记

者自己收集到的资料，联系生活实际，用对比的方法写一段话，把你的感受与同学交流。（不少于50字）

跨学科作业

Z7001:

复兴少年畅想未来

1949年10月1日，新中国成立，在黑暗深渊中探索、抗争了100多年的中华民族从此走上复兴之路。72年来，中国人民改造山河、建设祖国，不断向世界呈现一个又一个中国精彩。

同学们，你们将是祖国未来的创造者和见证者。到2049年——新中国成立一百周年到来时，你们学习与生活的上海会发生哪些变化？请以小组为单位，着眼身边的人、事、物，畅想未来城市生活的一个方面（比如，家居、交通、工作、通讯等），选用信息技术、绘画、模型制作等方式，把你们的畅想内容与同伴分享。

复兴少年畅想未来	
畅想内容	
进度安排	____月____日：确定主题 ____月____日——____日：查找资料，了解现状 ____月____日：畅想未来；讨论分享形式、分工 ____月____日——____日： ____月____日：成果分享
成果分享形式 相应责任人	PPT 图片 建模 演说 其他： （ ） （ ） （ ） （ ） （ ）
评价关注点	自评 互评 全员参与，分工合作。 （ ） （ ） 畅想的内容贴近生活，有新鲜感。（ ） （ ） 分享形式有助于把畅想内容介绍清楚。（ ） （ ）

设计说明：以"复兴少年畅想未来"为主题的跨学科作业，有三个主要意图——第一，是将本单元的人文要素与当下中华民族伟大复兴的时代背景和学生的现实生活背景以及"两个一百年"的美好愿景相结合，将语文学科的育人价值充分发挥出来；第二，是将本单元教材的习作要求融合到实践活动中去，在达成跨学科作业任务的过程中，既解决了习作的选材问题，也照顾到了单元练习的列提纲一题，在整个单元中起到穿针引线的作用；第三，是联系第五单元的语文要素，体现出前后单元渐进发展的整体考虑。此外，运用信息技术、绘画、模型制作等开放的方式，让学生在合作学习中，落实本单元"主动用文字记录自己的所思所想，感受想象的乐趣"这一目标，也能获得综合各类学科完成合作项目的学习经历。"双减"背景下学生获得了更多的时间和空间，这是他们在本单元学习时间段内完成这一跨学科综合实践活动的有力保障。

（二）单元练习

积累与运用

L0001：划去括号中错误的读音。

三面苍翠山峦，一面林立高楼，环抱着美丽的西湖，犹如一颗晶莹剔（tī tì）透的明珠静卧在玉匣中，波澜不惊，似乎多一物就搅（jiǎo dǎo）乱了这份自然、和谐。

答案：玲珑剔透（tī t̲ì̲）　　搅拌（ji̲ǎ̲o̲ dǎo）

L0002：划去括号中错误的字。

圆明园的建筑（洪、宏、弘）伟，园中有金碧辉（皇、惶、煌）的殿堂等，令人惊叹不已。

答案：（洪、宏、弘）伟　　金碧辉（皇、惶、煌）

L0003：以下选项中，解释《题临安邸》诗句意思最恰当的是：（　　）。

A. 青山之外还有青山望不见头，西湖边的歌舞几时才能重新开始？暖洋洋的风已经把游人灌醉，杭州真不比汴州逊色啊！

B. 青山叠翠楼阁连绵望不见头，西湖边的歌舞几时才能停休？暖洋洋的风吹得游人如痴如醉，简直把杭州当成了那汴州。

C. 杭州的楼外楼你不得不去看一看，西湖边的歌舞什么时候停休过？暖风吹得游人如痴如醉，杭州不愧被称为"人间天堂"。

D. 青山叠翠楼阁连绵望不见头，西湖边的歌舞几时才能停休？这样的大好河山却被金人侵略占领，而统治者却不思复国。

答案：B

阅读理解

南极中国少年纪念标揭幕

① 今天，中国少年纪念标在中国南极长城站揭幕了！

② 长城站上空，飘扬着五星红旗。长城站门前挂起了"中国少年纪念标揭幕仪式"的大红横幅。上午11时，各国考察团代表陆续来到长城站。

③ 揭幕仪式在中午12时隆重举行。先举行升旗仪式，一面鲜艳的五星红旗伴着雄壮的国歌声冉冉升起。在场的人庄严肃立，行注目礼。

④ 接着，我和杨海兰激动地走到系在旗杆旁的中国少年先锋队队旗前，在嘹亮的队歌声中，将队旗升起。望着在白雪辉映下显得格外火红的星星火炬旗，我是多么激动！因为这是南极上空升起的第一面少先队队旗。它不正是南极事业后继有人的象征吗？南极，在我们中国少年儿童的心目中是一个多么令人神往的地方！

⑤ 在一阵热烈的掌声和锣鼓声中，我、杨海兰和考察队员代表一起揭开了中国少年纪念标上裹着的大红绸。瞬间，一个以椭圆形地球为背景的古铜色的纪念标呈现在眼前。它表示中国少年儿童面向世界、面向未来的伟大理想。纪念标的上方，星星火炬代表中国少年先锋队；正中，象征着中华民族精神的S形长城逶迤（wēiyí）而下；下方，一对熊猫与企鹅相聚，表示我国少年儿童对南极的美好愿望；底下，是国务委员张爱萍爷爷的题词"中国少年纪念标"。

⑥ 最后，长城站站长向全国少年儿童表达了美好的祝愿。他祝愿我们像南极的海燕一样，在暴风雪中展翅翱翔，茁壮成长！他祝愿我们和世界各国儿童一起团结合作，携手前进，为人类和平利用南极做出贡献！

⑦ _____

L0004：文章第④自然段中画线句的意思是：（   ）。

A. 在南极树立"中国少年纪念标"是南极事业后继有人的象征。

B. 在南极唱响中国少年先锋队队歌是南极事业后继有人的象征。

C. 在南极升起中国少先队队旗不算是南极事业后继有人的象征。

D. 在南极升起中国少先队队旗是我国南极事业后继有人的象征。

答案：D

L0005：文章结尾表达了作者的情感。补写第⑦自然段，下列最合适的选项是：（   ）

A. 南极"中国少年纪念标"在寒风中傲然屹立，连小企鹅们也纷纷拍手叫好。

B. 南极"中国少年纪念标"是我国南极事业后继有人的象征，我也想去看看。

C. 南极"中国少年纪念标"在寒风中昂首屹立，象征中国南极事业未来可期！

D. 南极"中国少年纪念标"在长城站揭幕后，我们将会定期去举行升旗仪式。

答案：C

L0006：完成填空。

小作者把_____这部分内容写得最详细，为的是_____

_____。

答案要点：小作者把中国少年纪念标的样子、构成和含义这部分内容写得最详细，为的是表达清楚南极中国少年纪念标揭幕仪式的重要意义——象征中国的南极事业未来可期，少年儿童将和世界各国儿童为人类和平利用南极做出贡献。

L0007：简答题。

请看一看图片中设计于1985年的南极中国少年纪念标，结合文章和图片，写出一到两个你觉得它设计的巧妙之处。

109

　　答案要点：地球的大背景象征着中国少年儿童携手世界的开放态度；熊猫和企鹅既象征我国和南极，又富有童趣；我们国家的独特元素很鲜明，比如少先队火炬、长城和熊猫；S形的长城不但表现了中国元素，也是南极英文缩写的首字母。

　　设计说明：补充的图片资料不但使学生对文章介绍的内容产生更直观的感受，更有助于他们把体会到的作者详细写纪念标设计的意图表达出来，从而呼应本单元的语文要素，真正起到借助资料进一步体会表达的作用。

　　L0008：根据提示，编写习作提纲。

　　题目：畅想2049年的上海

　　提示：同学们，今年是建党一百周年。我们的祖国正走在民族复兴、建设社会主义强国的伟大道路上。到2049年，中国"两个一百年"的奋斗目标就将达成，而你将亲眼见证那时我们这座城市的美好生活。

　　本单元，我们已经畅想了二十多年后身边的人、事、物发生的变化，请你把想象到的场景或事件列成一个习作提纲，明确自己要写什么，从哪些方面来写。

习作提纲：

题目：畅想2049年的上海
开头：
中间：
结尾：

评价标准：

优秀：根据给定提示，编写习作提纲，内容完整，想象合理，中心积极，有详有略，可以看出准备写具体的重点部分。语句通顺、连贯，没有错别字，标点正确。

良好：根据给定提示，编写习作提纲，内容完整，有想象，有适当的中心，有详有略，可以看出准备写具体的重点部分。语句比较通顺、连贯，有一些错别字，标点基本正确。

合格：根据给定提示，编写习作提纲，内容完整，有想象，有中心，可以看出准备写具体的重点部分。语句基本通顺，有一些错别字，标点有一些错误。

须努力：根据给定提示，编写的习作提纲不完整，内容想象不合适，缺少中心或中心消极，看不出哪部分准备重点写。语句不太通顺，错别字和标点错误较多。

浅研寥记

三、作业属性统计表

（一）单元作业属性统计表

单元作业属性统计表

不同目标编码 题量分布		不同课时 题量分布		不同目标维度与学习水平题量分布		不同作业类型 题量分布		不同完成方式 题量分布		不同难度题量分布		总时间（分钟）	不同来源题量分布	
YW05104001	3	01	4	A1	8	选择题	4	听说类	3	较低	12	92分钟	选编	4
YW05104002	1	02	4	A2	13	填空题	7	操作类	0	中等	7		改编	5
YW05104003	1	03	4	A3	3	简答题	3	综合实践类	0	较高	6		创编	16
YW05104004	2	04	4	A4	1	作图题	1	合作类	1					
YW05104005	1	05	4	A5	0	实验题	0	跨学科运用类	1					
YW05104006	1	06	4	B	13	应用题	0	非书面其他	0					
YW05104007	3	07	1	B1	0	证明题	0	书面	20					
YW05104008	1			B2	0	完形填空	0							
YW05104009	1			B3	0	判断题	2							
YW05104010	3			B4	0	书面开放题	3							
YW05104011	6			B5	0	书面其他	1							
YW05104012	1			C	5	非书面	4							
YW05104013	0			C1	0									
YW05104014	0			C2	0									
YW05104015	2			C3	0									
YW05104016	1			C4	0									
YW05104017	1			C5	0									

（二）单元练习属性统计表

单元练习属性统计表

不同目标编码题量分布		不同目标维度与学习水平题量分布		不同题目类型题量分布		不同完成方式题量分布		不同难度题量分布		总时间（分钟）	不同来源题量分布	
YW05104001	1	A1	2	选择题	4	听说类	0	较低	4	30分钟	选编	0
YW05104002	1	A2	4	填空题	1	操作类	0	中等	2		改编	1
YW05104003	0	A3	1	简答题	2	综合实践类	0	较高	2		创编	7
YW05104004	1	A4	1	作图题	0	合作类	0					
YW05104005	0	A5	0	实验题	0	跨学科运用类	0					
YW05104006	0	B	5	应用题	0	非书面其他	0					
YW05104007	0	B1	0	证明题	0	书面	8					
YW05104008	1	B2	0	完形填空	0							
YW05104009	0	B3	0	判断题	0							
YW05104010	1	B4	0	书面开放题	1							
YW05104011	1	B5	0	书面其他	0							
YW05104012	1	C	1	非书面	0							
YW05104013	1	C1	0									
YW05104014	0	C2	0									
YW05104015	0	C3	0									
YW05104016	0	C4	0									
YW05104017	0	C5	0									

113

浅研寥记

四、作业案例编制特色说明

小学语文五年级第一学期第四单元课时作业与单元练习设计案例，是基于《义务教育语文课程标准》《上海市小学语文学科教学基本要求》及小学五年级学生认知特点进行编写的。市教研室给定的单元目标有16条。我们根据教材中本单元语文要素"结合资料，体会课文表达的思想感情"的表述，确定其中的"概括文章表达的思想感情"与"借助资料，对文中的内容做出补充或说明"为本单元作业重点目标。我们根据本单元的教材特点，自主确定了第17条目标"根据主题，结合资料，畅想二十年后的城市生活，将畅想的内容与同伴分享"，并作为跨学科综合实践活动设计的目标。

本作业案例体现以下特点：

（一）紧扣单元要素，铺设发展路径

本单元阅读训练的重点是"结合资料体会文章表达的思想感情"。其中包含了两个要点，一是结合资料的目的不仅在于丰富学习内容，而且是要促进对文章表达中心的体会；二是本单元文章表达的思想感情都指向家国情怀。可见，本单元的人文主题与语文要素双线并行。因此，课时作业与单元练习都紧扣这两点，兼顾整体性与针对性、稳定性与层进性，在课堂教学的延伸与拓展中为学生铺设一条夯实基础和发展能力的路径。

1. 兼顾整体性与针对性

从整体来看，单元每一课时的作业以及单元练习均有关照"结合资料，体会课文表达的思想感情"的练习设计。从第一课时到单元练习，每一个相关作业或练习各有侧重。整体上照顾到常规目标与重点目标的平衡，同时在每一课依据教材特点有针对地落实练习。

2. 保障稳定性与层进性

"结合资料，体会课文表达的思想感情"这条核心线贯穿始终。第一课时唤醒学生在三、四年级学习过的有关搜集、处理资料的旧知，结合对古诗表达中心的体会引发学生思考，激发查找资料的主动性。同时，借助作业表述，明确本单元查找资料的目的。第三课时则根据课文的表达特

点，引导学生借助资料，对文中的内容做出补充或说明，帮助其体会到文章所写的内容、顺序与中心的关系。第五课时则是借自读课文，以对话框形式来引导学生梳理结合资料阅读的目的、策略和方法途径，将单元重点转化为学生可以调动的阅读能力之一。在第六课时语文园地中，进行温习回顾。单元练习中，给予一个图片资料，来反馈学生是否掌握了结合资料体会课文表达的思想感情。单元重点目标从作业中指导，到学生实践中运用，再到练习中检测，拾级而上。

3. 体现丰富性和合作性

考虑到小学生的年龄特点与兴趣维持，设计在题型上力求丰富，共涵盖8种题型。特别是落实重点目标的作业，除了书面和口头作业，也有供不同层次学生选择的弹性作业，更有跨学科综合实践。在完成形式上，有师生合作，也鼓励生生合作，发展学生的自主合作能力。

4. 平衡训练性和有效性

基于"双减"和"五项管理"大背景，为学生身心健康着想，课时作业量和单元练习量均严格控制单位总时长。作为课堂教学的延伸，在保证课时目标得到相对充分训练的同时，通过每一个作业和练习照应单元目标明晰度来提升有效性。

（二）围绕核心目标，促进自主学习

如何帮助学生在完成课时作业和单元练习的过程中持续发展语文核心素养？这是本案例在设计中力求达成的。在课时作业当中，我们围绕核心目标，结合常态目标，梳理出"夯实基础——理解意思——结合资料加深体会——巩固方法"这样一条课时作业设计策略。学生在每课时完成作业的过程当中不断地建构语言，发展思维，习得方法，同时带着经验到后一课时的进一步训练中，从而提升自主学习力。从单元整体来看，在家国情怀的大情境下，作业内容从古诗代表的过去，到现代背景下抒发爱国情怀的文章，再到主题契合本单元习作的畅想未来跨学科综合实践，学生在自主思考中提升了文化认同。

（三）联系局部整体，落实能力发展

在课时作业这个"局部"中看见策略，在连续课时作业的达成中形成和发展能力，在单元练习中检测单元学情并继续发展学生能力，在本单元内联系前后单元。这是本案例设计的一大特点。

例如，在《古诗三首》第1课时的作业中，让学生思考："关于课文中的三首诗，你还想了解什么？还存在哪些疑问呢？"这是引导学生产生进一步理解古诗表达中心的需要，从而使"结合资料"这一行为的精度和有效性从一开始就得到定位。在《圆明园的毁灭》第2课时的作业中，我们选编了一题：结合相关资料，说说为什么"圆明园的毁灭是中国文化史上不可估量的损失，也是世界文化史上不可估量的损失"。这一题照应本单元的核心目标。在前一课的基础上，学生通过结合资料，达成的不只是"知道了圆明园具体还有哪些损失"，而是进一步体会到了圆明园在文化史上的高度，激发了爱国热情。语文园地的第1题又再次呼应这一题，让学生判断朗读这句话时可以怎么读来表现自己对中心的体会。这样的前后关联，避免了让学生误解单元重点是"查资料"，而是突出结合资料对文章进一步理解的作用。学生得到的不仅是增加的阅读量和知识面，更得到了阅读能力的发展。

在单元练习中怎么继续指导学生结合资料体会文章表达的思想感情，并且能检测出这一单元的重点学习效果呢？在精心选文的基础上，设计中加入了让学生读文章中详细写南极中国少年纪念标的这段话，看纪念标本身的照片，结合照片写写自己觉得纪念标设计的巧妙之处。这就让学生现场演练结合资料进一步体会中心的全过程。

（四）关注学科育人，丰富学习经历

跨学科综合实践活动的设计是本案例的特色之一。以"复兴少年畅想未来"为主题的跨学科作业，体现出三个"巧"设计——第一巧，是将本单元的人文要素与当下中华民族伟大复兴的时代背景和学生的现实生活背景以及"两个一百年"的美好愿景相结合，将语文学科的育人价值充分发挥了出来；第二巧，是将本单元教材的习作要求融合到实践活动中去，在达成跨学科作业任务的过程中，解决了习作的选材问题，也照顾到了单元练习的列提纲一题，在整个单元中起到穿针引线的作用；第三巧，是提升学习第五单元"阅读简单的说明性文章，了解基本的说明方法"和"搜集资料，用恰当的说明方法，把某一种事物介绍清楚"的基础，体现出前后单元渐进发展的整体考虑。合作完成跨学科综合实践，学生需要调动不同学科的经验，而达成目标的过程本身丰富了学生的学习经历。本单元"主动用文字记录自己的所思所想，感受想象的乐趣"这一目标借此跨出了教材中习作训练的限定。学生完成这一跨学科综合实践活动，是在本单元人文要素的指引下，落实和发展本单元语文要素"结合资料体会文章表达的思想感情"。其核心依然是指向本单元语文要素和人文要素双线并行的特征，以及学生语文素养的持续发展。

附：较有特色的题目

	特色	题目序号
一	循序渐进布局，落实训练重点	Z1004、Z2004、Z3003、Z4004、Z5004、Z6001、L0007
二	显现单元特性，凸显学科育人	Z2003、Z3003、Z4003、Z5003、Z6004、L0005
三	开放多元合作，综合发展素养	跨学科综合实践活动Z7001

本设计获2021年上海市优秀单元作业案例设计评比三等奖

设计团队成员包括：

上戏附校：陈燕华，明强小学：潘玉华、李珊君

江川路小学：肖贞红，日新实小：葛儒毅

浅研寥记

小学语文高年级习作教学中
进行片段观察与表达训练的实践研究

　　小学语文习作教学与阅读教学密不可分，都遵循部分与整体相互作用的规律。在整体中认识部分，再从部分联系成整体，需要有目的且循序渐进地进行训练。

　　高年级习作教学中的两个难点：一是怎样激发学生的表达需求，让他们想要将生活中的体验表达出来；二是怎样引导学生在生活体验中积累材料。如果不会在生活中主动地学会观察，并在有目的地进行观察后按一定的顺序、详略等进行及时的表达，那么学生们就会缺乏习作所需的基本素材，进而没有表达的需求和欲望。也就是说，本课题想要解决的问题，是试着通过习作教学中片段观察和表达的专项训练，使学生们有话可写，有序表达，有情抒发。

　　按理说高年级习作教学依据学生的阅读经验、观察习惯和思维方式等，应该着眼于篇章训练。但是从整体的角度看，离不开片段的有机整合。片段中的条理结构、脉络线索和语句关系，正是学生能够进行系统表达的基础。因此这样的片段观察与表达训练是需要长期维持的。从评价的角度看，片段表达训练更适合开展不同维度和角度的适切评价，缩小学生间的差距。进行片段观察与表达训练将不仅在指导和练习中具针对性，而且有益于学生在表达方面的个性化发展。

一、依据促进研究

（一）目标与方法

进行小学语文高年级习作教学的片段观察和表达训练的实践研究，主要试图达到以下几个目标：一是理清针对高年级习作教学中进行片段观察与表达训练的有效范围；二是联系阅读与习作内容，设计有针对性的课内外练习；三是落实每阶段训练，并在课堂教学中实践，并进行阶段反馈评价；四是在实践中及时积累、修改和总结，以给高年级习作教学提供实用的操作经验。

（二）理论与经验

从语法学上讲，通用现代汉语语法单位有：语素、词、短语、句子、句群。而句群正在被越来越多的学者关注，并被划入语法教学的范畴，通常指大于句子的语言片段。而语言片段不是孤立的内容，是离不开篇章整体的。基于小学高年级学生阅读教学中关注篇章这一重点，以片段观察和练笔作为抓手来提高表达能力，就成了一条鲜明的路径。

在小学阶段，从三年级开始，成段的表达就成为课堂教学中重点训练的表达能力。对于小学高年级的片段习作来说，一方面要指导学生从片段内部结构认识并组织语言；另一方面要分析它的外部联系以及在整篇文章表达中的作用，体现年段特点。对学生来说，要完成一次完整的表达任务，片段组成是重要条件，因为它能够起到组织句子、构成段落、形成篇章的必要作用。学生在这个过程中就能有层次、有条理地经历完整的思维过程，从而真正将阅读经验在实践中逐渐转化为表达能力。

二、实践丰富过程

（一）确定内容，明确范围

从课堂教学实际出发，本课题片段训练的范围以沪教版五年级教材的阅读篇目为基础。在阅读篇目中，先选取同体裁或相似题材的文章成为一组。这样做的目的很清楚：在阅读比较中便于发现类似文章的表达异同点，从而确定好每一次专项片段训练的角度。

通常来说，一组文章设置一到两次专项的片段观察和练笔。训练时间一般在阅读教学后，综合习作教学前。这就为学生将阅读经历转化为写作能力提供了过渡和保障。一次专项习作练习的时间为一课时，这样就保证了落实的时间。

从范围上看，拿五年级第二学期来说，把写事的文章如《半截蜡烛》《信任》《宽容》《生命的药方》等挑选出来构成一组之后，通过比较阅读很容易挖掘一个共同点——对话描写。那么通过这一组文章的阅读，就可以确定一个专项的片段训练点——写对话片段。用同样的方法，就不难整理出写人物外貌、写动物外形、写景观局部等等训练范围。这样的范围确定，是根据阅读教学产生的体会和需要而产生的。这样切实的训练内容确定，也能够让学生不断经历能力形成的基本过程，扎实稳步提升学生的表达能力。

（二）课堂落实，实践优化

本课题的实践研究最重要的就是优化课堂。通过整个研究和实践的过程，基本形成了习作教学中片段训练专项指导课的课型。2017年6月8日沈喆于闵行区北桥小学执教的区级研讨课《写对话片段》能够比较典型地体现研究在课堂落实上的成果。

这堂习作专项练习课，是对一个群组文章阅读体会表达后的延续，同时也是综合习作训练的前提。在写事课文群组中，教师选取了一个片段训练的角度——写对话。对五年级学生来说，写对话和以往有所不同，应该关注到这一个片段的表达在整篇文章中起到的作用。结合这个群组文章的特点和年段要求，这堂课的目标定位在引导学生回顾写事课文群组中的对话描写，复习并明确写好对话片段的方法。再运用阅读中体会到的方法，练习写好对话片段。这就是帮助学生在表达实践中将阅读体会转化成表达能力。

第一个环节是复习回顾，板书明法。这个环节的意图很明确，在经过了群组阅读教学的前提下，复习要进行训练的片段在整篇文章中的表达效果，并围绕它理清阅读中已经体会到的写对话的方法。有了这个基础，就要在这堂习作课上给学生充分的时间去进行表达实践。

因此这堂课的第二个环节——创设情境，尝试练习，给了学生充足的时间去写。选取例文的依据是与这一群组文章类似的写事文章，能符合并落实好这堂课的教学目标。这篇人教版教材中的《草船借箭》原文正是通过人物对话来表现特点，丰富、推动故事情节并突显中心。老师还将文章进行了适当的处理，来为学生练笔提供一个语境实例。

在学生习作的过程中，要进行行间巡视，随时辅导学生运用好方法，并发现典型案例，用来进行下一阶段的指导。学生写完以后的反馈交流、评价提升非常重要。无论是老师评价还是学生互评或自评，要有法可依。这时就要依据梳理出的方法和表达效果，来引导学生关注练笔是否运用了学到的方法，达到了预期的表达效果。

《小学语文学科教学基本要求》里明确提出要规范语言表达，因此在评价交流之后，示范评改是必要的。通过老师的示范评改，来帮助五年级学生继续巩固修改习作、规范表达的习惯。经过这样一个写—评—改—再交流展示的坡度，学生就经历了从体会方法到运用方法直至熟用方法的过程。这就达到了这堂课的教学目标，为下一课学生进行一篇文章的习作做好了充分准备和衔接过渡。同时，体现了高年级习作教学片段训练指导课的主要过程和原则。

（三）设计学案，练有所依

除了课堂教学落实训练之外，本课题的研究还延伸到课外的补充训练。当然，这也是基于学生的需要和兴趣发展点来进行设计的。张承明所著《中外语文教育比较研究》中提到：有计划地培养学生进行句群训练，关键要培养学生进行段落写作，学生的习作有清楚的要求、完整的结构和明确的标准。对于这个观点，本课题研究想要补充的就是练习的依据要站得住脚，而不能凭空去设计一个练习来给学生练笔。

练习的依据除了前文提到的跟阅读教学紧密结合外，还要考虑学生的兴趣。所以在设计课外学案时，就为此加入了符合小学生年龄特点的内

浅
研
寥
记

容。以研究中的一份学案为例：

"动物的外形描写"片段训练学案设计

同学们，还记得我们三年级时学过秦牧先生的《我喜欢小动物》这篇文章吗？小动物之所以逗人喜爱，是因为它们有着各自独特的外形。怎样将小动物的外形写清楚、写生动，从而体现它们的特点呢？今天我们就来学一学、练一练动物的外形描写。

要描写动物的外形，离不开细致的观察。在写的时候，要注意按照一定的顺序来描写，可以从整体写到部分，也可以从部分写到整体，还可以根据你观察的顺序来写。要表现一个小动物的特点，就要注意抓住它外形中最独特的部位来描写。要将小动物的外形写生动，还要注意运用修辞手法。这样你笔下的小动物就会栩栩如生、活灵活现，使读者一读，就能在眼前浮现出它的形象。

这段学案中的导语，使学生不但明确了方法，更激发了想要练写的情感，让学生能够练习阅读，明确方法，乐于练笔。

更重要的一点，就是兴趣是在成就感中来的，因此学案的评价就尤为重要。再以研究中一份学案的评星表为例：

评星内容	评星标准
习作态度	★★★：完成习作。字迹潦草，有三个以上错别字。 ★★★★：完成习作。字迹比较潦草，有三个以下错别字。 ★★★★★：完成习作。字迹端正，只有一个以下错别字。
描写顺序	★★★：写出了动物整体或部位的外形，但没有明显的顺序。 ★★★★：写出了动物整体和部位的外形，并且按照从整体到局部，或是从局部到整体等顺序来写。 ★★★★★：写出了动物整体和部位的外形，不仅体现从整体到局部，或是从局部到整体等顺序，还能与动物的特点相吻合。
动物特点	★★★：写清了这个动物的一个特点。 ★★★★：写清了这个动物的一个或几个特点。 ★★★★★：写清了这个动物的一个或几个特点。首尾有呼应。

评星内容	评星标准
修辞运用	★★★：用了修辞手法进行描写，但不太合适。 ★★★★：运用修辞手法，形象地写出了动物外形的一个方面，表现出动物外形的某个特点。 ★★★★★：运用修辞手法，形象地写出了动物外形的两三个方面，表现出动物外形的某个特点。句子连贯。

通过多角度评星的形式，学生们不仅能够有依据地来评价自己的习作内容，有方向地进行修改，再次巩固专项训练中的重点方法，更能通过评星来维持兴趣，获得成就感和习作动力。

设计有效的课外练习，对巩固课内习作训练成果，反馈专项训练效果以及促进学生用熟表达、乐于表达都起到了积极作用。

三、成效与反思

（一）阅读与习作的深度交融

小学语文习作教学与阅读教学的关系已经被清楚地认知。但是由于缺少理解下的实践，很多老师还是阅读管阅读教，写作管写作教，导致虽然明白阅读和写作的相互作用，但很易付诸课堂。

本课题带来的经验，就是习作教学的片段观察与表达训练设计首先都是源于阅读比较中的体会。在同体裁或相似题材的文章阅读中，由面到点地发现训练点，进行课堂教学设计和练习设计，再通过落实，由点归面地作用于阅读和习作两方面。将阅读经验和表达能力，通过看的实践、写的实践和改的实践来交融在一起。

对学生来说，他们在三方面得到了显著提高：第一，在阅读中能够将这些片段训练点读懂、读透，充分体会作者表达；第二，在习作训练中能够将体会到的方法试着运用到自己的表达中，学到了有效的表达形式，同时积累了不少语言素材；第三，无论在阅读还是写作中，篇章意识更强了，在写一个句群时能够联络上下文，用完整的思维来读文、作文。

基于学生身上体现出来的效果，是否能将本课题的实践研究做适当的

浅研寥记

提前，成了接下来的思考，需要通过进一步实践来进行验证。

（二）练写与评价的高效落实

通过本课题实践研究过程中的不断设计、改进和积累，形成了一个课堂教学设计、练习设计和评价反馈设计的高效模式。

课堂教学设计上，是联系阅读，梳理写法——创设情境，尝试练写——示范评改，交流展示的这样一个习作专项训练的课堂教学架构。练习设计方面，是导语激发兴趣——示例点拨方法——依法习作评价的结构。其好处就在于：指导方法清晰明确，练写时间得到保障，评价交流推动优化。

而这样一个较为固定的模式的形成也产生了新的问题，怎样再通过创新优化来使得规律性的所得能够被灵活地运用到进一步的设计中去，让学生始终能够得到新鲜感，维持习作动力。

（三）课内与课外的平衡尝试

在不增加学生学业负担的基础上，无论是对习作专项训练的课堂教学，还是对课外练习，都进行了有规划的设计。但课内外的精化不代表"碎片化"。在《重视片段写作练习》一文中，作者李雪松提出：日常片段写作练习从时间上看，三五分钟即可，十分八分也行；从篇幅上看，三言五语不嫌短，两段三段不嫌长；从题目设计上，宜小不宜大，应贴近学生的日常生活；从文章内容上看，可独立成篇，也可是整体文章的一个"零件"；从表达方式上看，可以记叙、议论、说明，也可以描写、抒情。

经过本课题的研究发现：这一观点是零敲碎打且不成系列的。依照本课题的实践研究形成的课例，可以发现在课内一定要有让孩子有充分练写的实践时间，可缩短作前指导，提高效率。而练什么片段，也不是随便确定的。只有通过设计，才能让训练更有层次、有参照、有效果。而在课外，则通过依据阅读教学设计的有序列的专项练习系列，来明确训练重点，设置练习坡度，阶段性地在课内进行反馈和指导，从而形成完整有机的课内外习作片段训练体系。

通过小学高年级习作教学中片段观察和表达训练的实践研究，不但解决了开题前设想的一些具有针对性的问题，更衍生出了对整个习作教学怎样与阅读教学去有机联系的思考和做法。这一发现对整个习作教学设计的根本和设计思路的改进具有不小的启发作用。

参考文献：

［1］项鹣鹣.小学高段语段写作教学研究［D］.杭州：杭州师范大学，2016.

［2］曹英柳.磨刀不误砍柴工——片段作文教学初探［J］.教育教学论坛，2015（50）.

［3］何捷.写作可以这么教——小学高年级"创意片段写作训练"举要［J］.语文建设，2013（16）.

［4］孙莉.如何培养小学生微作文写作能力［J］.中国校外教育，2016：8-29.

［5］李雪松.重视片段写作练习［J］.文学教育（上），2009：6-41.

浅研寥记

融教育戏剧于小学高年级语文整本书阅读教学的策略研究

一、背景与价值

（一）背景概述

1.基于整本书阅读教学发展改进的需要

《义务教育语文课程标准》（2011年版）对于小学高年级学段阅读的重要目标有："具有独立阅读的能力，学会运用多种阅读方法。有较为丰富的积累和良好的语感，注重情感体验，发展感受和理解的能力"，"扩展阅读面。课外阅读总量不少于100万字"等要求。从教育部编制语文教材来看，教材每册编入的"快乐读书吧"既联系课内，又形成关联；高年级语文教材中的"快乐读书吧"不仅结合单元语文要素和人文要素推荐阅读书目，还提供了一些相关的阅读方法。而学生需要从教材中走出去，从课本到课外书，从读一篇篇文章到读整本书，构建起整本书阅读的路径，形成经验，发展阅读能力。因此本课题对整本书阅读教学的策略研究正是基于这样的大背景展开。

2.基于新时代学生语文素养发展的需求

新时代背景下的语文课程，致力于培养学生的语言文字运用能力，提升学生的综合素养，为学好其他课程打下基础；为学生形成正确的世界观、人生观、价值观，形成良好个性和健全人格打下基础；为学生的全面发展和终身发展打下基础。语文课程对继承和弘扬中华民族优秀文化传统和革命传统、增强民族凝聚力和创造力具有不可替代的优势。阅读是运用语言文字获取信息、认识世界、发展思维、获得审美体验的重要途径。

目前对教育戏剧应用于小学阅读的指导，一方面主要集中于单篇课文的阅读指导，一方面关注的重点在教育戏剧习式的运用所带来的效果。相对来说，在整本书阅读指导方面，还未形成较为有效的策略。已经获得的经验是，教育戏剧的运用有助于改善小学语文阅读课堂教学，提高教学效果。教育戏剧运用于小学语文阅读教学以多元智力理论、建构主义理论及做中学理论为理论依据。教育戏剧的运用不仅符合小学生的身心发展特点，而且也符合小学语文课程标准的要求，有助于小学语文课程目标与内容的达成。教育戏剧符合语文课程提倡的自主、合作、探究等学习方式和在实践中提升语文能力的理念，同时能有效落实学科育人，使语文课程开放而有活力。如今，教育戏剧较普遍运用于小学语文阅读教学，常用的方法包括：暖身游戏、角色扮演、即兴表演、教师入戏、模仿、静止视像、坐针毡、想象、讲故事、专家外衣等。可以进一步预设，这些有效经验也可作用于有计划分布开展的整本书阅读指导、推进、深入和反馈过程中。

3. 基于学校教育戏剧促学科育人的特色

学校在全新变革发展阶段的核心是办学特质，而内涵与外显综合发展的重要途径之一就是课程有系统、有特色。近年来，学校以"龙头"市级课题"基于核心素养背景下的小学生教育戏剧课程构建的实践研究"为引领，积极探索以"教育戏剧"为载体的特色办学之路，取得了一定的成效。学校在刚刚完成的第三轮三年发展规划以及新五年发展规划中，在规范研究管理、促进协同发展上起到了全盘统筹、有序推进的关键作用。在规划中，学校聚焦基础课程整合，努力构建具有"戏衍教育"特色的课程体系，形成以"人人是角，个个出彩"为核心的"衍彩"课程文化。而整本书阅读教学正是能够把学校办学特色和基础学科教学相融合的切入口。

（二）研究价值

1. 用教育戏剧优势解决难点，能获得阅读教学的有效策略

统编教材倡导"课外阅读课程化"。统编小学语文教科书执行主编陈先云指出，要重视课外阅读，却不知道要让学生读什么书，怎么读书，因此课外阅读常常不容易落到实处。这套教科书把课外阅读纳入语文课程体系。阅读能力必须靠大量的阅读才能提高，统编教科书重视课外阅读，重视激发学生的阅读兴趣。重视是起点，进一步探寻策略并积极实践才能解决难点。

教育戏剧的独特功能和育人价值融入整本书阅读教和学的过程中，既可以解决整本书阅读的难点，又能获得整本书阅读教学的有效策略。《义务教育语文课程标准》（2011年版）在课程目标与内容中，要求第二学段三、四年级要"养成读书看报的习惯，收藏图书资料，乐于与同学交流。课外阅读总量不少于40万字"。而到第三学段这个量又成倍增长了，达到100万字。因此，四年级至五年级是关键期，第一是要达成第二学段的目标，更要在达成目标的过程中发展阅读能力，养成阅读习惯，掌握阅读策略，维持阅读兴趣，从而有第三学段阅读量达成的保障。教育戏剧渗透学科教学的有效策略，如引入（lead in & prepare students）、工具（learning tools）、扩阔（expand information）、补充（fill in the gap）、立体（multi-angle study）、延伸（extension）等，其独特功能和育人价值融入整本书阅读教和学的过程中，能够表现出促进学生获得知识与技能、提升感受力、完善表达力、加深理解力、发展创造力等优势。

2. 借整本书阅读联系课内外，可形成阅读全程的实施路径

在实践研究中及时梳理出融入教育戏剧的整本书阅读教学策略后，以阅读整本书的全过程为轴线，逐一实施的过程即可形成一条可操作性强、宜于推广借鉴的融戏阅读整本书实施路径。同时，其实施过程照应了语文核心素养的发展，即"语言的建构和运用""思维的发展和提升""审美的鉴赏和创造"以及"文化的理解和传承"四个方面。有效的整本书阅读实践过程，可以丰富学生的语言积累，发展学生的思维品质，提升学生的

语言审美，加深学生的文化理解。简单来说，语文素养是在语文活动的实践中形成和发展的。因此本课题将融教育戏剧于整本书阅读教学的课内指导、交流、反馈与课外阅读实践过程相结合，其实践过程本身就是学生发展语文素养的途径之一。

3.以实践研究深化课程特色，宜凸显学科融戏的校本特征

学校以市级课题"基于核心素养背景下的小学生教育戏剧课程构建的实践研究"成果为引领，在"学戏化人，以美衍生"办学理念下积极探索以"教育戏剧"为载体的特色办学之路。在核心素养背景下，通过教育戏剧课程的构建，从学生自主发展、文化修养、社会参与三个维度探索教育戏剧课程的目标设置、内容开发、路径实施等，以达到学生人文情怀、审美情趣、道德品质、想象思维、实践创新等核心素养的培育。在戏剧课程化的进程中，同时也探索教育戏剧在国家基础型课程中的渗透，特别是如何将教育戏剧有机又创新地渗透在语文学科中。本课题的研究既是对学校市级引领课题的一种补充和印证，又借助先进的教育戏剧理念和方法解决语文教学中的重点问题。因此，融教育戏剧于整本书阅读教学的实践探索过程，可以在教学的改进中成就师生成长与学校特色文化建设。

二、研究概况

（一）概念界定

1.教育戏剧的概念

教育戏剧是通过运用戏剧方法与戏剧元素达到教育目的的一种教育手段和方法。将戏剧作为学习其他知识的工具，目的是提高儿童的学习兴趣。教育戏剧是将戏剧的方法渗透于学科教学，用以拓展儿童的认知，以趣味性的活动，使其检视事实真相，看出隐藏于事实内的真义。其目的在于认知而非戏剧表演。张晓华认为，教育戏剧是运用戏剧与剧场的技巧，从事于学校课堂内的教学方法，它是以人性自然法则、自发性的与群体与外在接触。在指导者有计划与架构之教学策略引导下，以创作性戏剧、即兴演出、角色扮演、观察、模仿、游戏等方式进行，让参与者在彼此互动的关系中，能充分地发挥想象，表达思想，由实作中学习，以期使学习者从美感经验中，增进智能、生活技能，并获得知识。李婴宁认为，"教育戏剧是运用戏剧手段于教育和课堂教学的方法。即在普通教育过程中，把戏剧元素和方法作为教学方法和手段，应用在教学科目和教育目标中，让学生在情景设置、角色扮演、即兴表演、主题深化、意义探讨等环节中，通过共同创造的戏剧活动和戏剧实作达到学习目标和教育目的。"

2. 整本书阅读教学的概念

本课题中的"整本书阅读"所针对的阅读材料是完整的文学作品；是在教师指导下运用不同的阅读策略，对整本书形成理解和感悟的过程；并通过导读、推进、交流、反馈和展示等过程发展学生的思维、语言的阅读活动。"整本书阅读"不是一般意义上的课外阅读，也不是放任学生在课外随意阅读，而是强调课内学法、课外习法的围绕整部作品展开的与作者、文本、教师、同伴对话的过程。

整本书阅读教学是由教师的指导，学生的阅读和师生、生生的互动所组成，以更好地完成整本书阅读的教学活动。在阅读过程中，教师有计划、有组织地将教育戏剧渗透于读物介绍课、阅读导读课、阅读推进课、阅读交流课、阅读反馈课和阅读展示课等活动，以指导学生开始、持续并完成阅读整本书。在阅读时间上，既有课内的教师指导，又有课外的学生自主阅读。

（二）文献综述

对于教育戏剧如何应用于整本书阅读教学，其运用策略、实践效果等都是一个比较新的命题。截至本课题研究第一阶段的2020年1月，中国知网数据显示，以"教育戏剧"为主题进行检索，共有记录521条，其中与语文相关的仅有63条，只占到总数的12.1%；有关语文整本书阅读的研究，则以初高中为主，在751条"整本书阅读"的检索结果下，只有62条是有关小学的，只占到总数的8.3%。然而，统编教材"课外阅读课程化"已摆在教师面前。《义务教育语文课程标准》（2011年版）在课程目标与内容中，第三学段要达成"扩展阅读面。课外阅读总量不少于100万字"。关于小学整本书阅读教学的策略研究有必要积极开展。

1. 教育戏剧相关研究

"教育戏剧"直译自"Drama in Education"，其含义相当于"戏剧教学法"。张晓华将其定义为："教育戏剧是运用戏剧与剧场之技巧，从事于学校课堂的一种教学方法。它是以人性自然法则，自发性地与群体及外在接触。在指导者有计划与架构之引导下，以创作性戏剧、即兴演出、角色扮演、模仿、游戏等方式进行，让参与者在互动关系中，能充分发挥想象，表达思想，由实作而学习，以期使学习者获得美感经验，增进智能与生活技能。"

教育戏剧不同于我们在剧院舞台上欣赏到的戏剧，它承载着特有的教育功能。最早被记载将戏剧方法系统地应用于课堂的是英国女教师哈丽特·芬蕾·琼森，她尝试将不同的教学主题戏剧化。1930年，美国戏剧教育家温尼弗瑞德·瓦尔德根据教学经验编写了《创作性戏剧技术》，提出"创作性戏剧教学方法"概念，在美国教育界引发了巨大反响，成为当时校园教育戏剧实践的指导性文献。50年代以后逐步发展为成熟的"DIE"方法：一种以虚构的角色扮演和即兴创作为中心的戏剧活动，其重点在于学员参与，从感受中领略知识的意蕴，从交流中发现可能性，创造新意义。80年代末，西方发达国家逐步建立了完整的研究和实践教育戏剧的体制，教育戏剧被纳入正规教育体系。

在长期的实践中，英美国家的实践者们达成共识，认为教育戏剧实践的核心理念是，通过戏剧活动尊重儿童自由表现，重视儿童在教学活动中想象力与创造力的激发，有效地促进儿童认识自我、同伴交往、社会认知等能力的发展，进而使得教和学的过程实现寓教于乐、寓教于情、寓教于美，让戏剧过程中的"共鸣、好奇、愉悦、批判、审美"等效果发生在学校的课堂教学之中。

总之，国外关于教育戏剧理念和实践的研究起步较早，加之西方思想文化背景下国家对之重视程度较高，教育戏剧的发展逐渐具备整体性、系统性、递进性。美国重视基于戏剧的单科戏剧教学，英国则是结合英语进行复科统整的戏剧教学，二者在实质上都是运用戏剧元素和戏剧教学法在学科中进行普遍应用。针对本研究，戏剧元素的多样性、人文性和实践性决定了它对课外整本书阅读教学的"调味剂"作用。除了较为普遍的"师生入戏""思路追踪""定格"等手段可以用来创设情境、交流精读片段之外，创编、写剧和演剧也完全可以在高年级开展，从而在教师组织的语文综合实践活动过程中发展学生的语文素养。

2.整本书阅读相关研究

（1）整本书阅读研究亟待实践

国内小学整本书阅读的实践研究主要包括阅读指导策略的研究、课外阅读质量评价标准研究、语文教育名宿的相关阅读思想研究等，且多为高等院校的学位论文，离教学现实较远。对于此类实践研究，一线语文教师的优势在于拥有更为丰富的实践与研究条件、连贯的实践与研究实践、充分的研究对象以及最为宝贵的鲜活生动的学生资源。

其实，现实情况是很多学校教师都或多或少在整本书阅读方面有意识或无意识地正在进行着不同层面的实践，包括校本课程的开发建设、学校阅读活动的组织开展、课程教材中的任务要求和语文教师的个性指导等。但不少研究都在实践中体现出几个难点，即整本书阅读的内容选择与《课程标准》的年段目标要求之间的内在关系，学生在整本书阅读过程当中的兴趣激发和维持，学生在阅读整本书的长期过程中思维品质的发展怎样有序有效地体现出来以便让教师能及时评价及调整指导策略，学生阅读整本书行为的连贯性和阶段反馈的有效性等，而教育戏剧的特性恰恰能有效作用于这几个难点的解决。

（2）用整本书阅读勾连课内外

读整本书的观点最早由叶圣陶正式提出，是叶圣陶语文教育思想的重要组成部分。1941年，叶圣陶在《论中学国文课程的改订》中说："现在的精读教材全是单篇短章……但是从坏的方面说，将会使学生眼花缭乱、心志不专……国文教材似乎该用整本的书……"要求国文教材编辑"把整本书作主体，把单篇短章作辅佐"，这是叶圣陶第一次明确提出要读整本书，论述了单篇短章的局限性和整本书阅读的重要价值。而在《对于阅读教学的思考》中，顾黄初提到要联系当前的阅读教学状况来学习叶圣陶关于阅读教学的论述，对阅读教学提出了具体的要求。他在《提倡读点整本的书——叶圣陶语文教学思想研究》的论文中详细论述了整本书阅读的价值，认为整本书阅读有利于学生养成良好的读书习惯，扩大学生的知识领域，有利于培养学生运用语文工具的能力和习惯；明确指出叶圣陶所说的读整本的书不是指一般的课外阅读，而是指正式列入教学计划内的一项教学内容，需要由教师在阅读前后进行指导。

语文课程是一门综合性、实践性的课程，因此只有课内或教材上这些短文作为阅读策略习得和阅读能力提升的"例子"是远远不够的。语言文字重在实践运用，而有计划、有侧重、有目的地由教师组织开展整本书阅读的实践活动，以一定的周期贯穿日常的课内外语文学习，是学生语文素养发展的保障。《课程标准》要求第三学段也就是小学高年级课外阅读总量不少于100万字，这个目标光凭课内阅读是远远无法达成的，而与课内学习或单元语文要素相关联地有针对地开展整本书阅读，不仅联系起了课内外以综合发展学生的语文核心素养，更自然地渗透学科育人的作用，可以说是一种对学生生命过程的关怀和负责。

（3）部编教材对整本书阅读的新指向

2019年，上海市小学各年级已经全部开始使用部编小学语文教材，并且与初中、高中教材形成了一个语文学习的全程链，与语文课程标准的目标要求相契合呼应，语文课程更显整体感和设计感。

部编教材总主编温儒敏在新教材推行后，多次提到并强调"整本书阅读"。他在"统编版语文教材主编：新教材主治'不读书''少读书'"的采访中提出，现在语文教学的问题就是学生读书太少，很多学生只读教材、教辅，很少读课外书，语文素养无从谈起。在"总主编温儒敏谈'部编本'语文教材的新思路"的采访中说："希望能'治一治'语文教学不读书、读书少的通病……语文的功能，不光是提高读写能力，最基本的是培养读书的习惯。……比起其他版本，'部编本'语文教材更加重视多种阅读方法的教学，比如默读、浏览、跳读、猜读、比较阅读、读整本的书

133

等。"这再次提醒我们重视学生的整本书阅读以扩大学生的阅读面，脱离仅仅靠课本教学培养阅读能力的现状。

这样的指向，不仅仅是对学生知识体系形成和学科素养发展的负责，更是为学生的全面发展和终身发展奠定了基础。整本书阅读从课程标准到教材编写再到课程实施中的真正落地，从长远来说体现了语文课程对继承和弘扬中华民族优秀文化传统的不可替代作用，对增强民族文化认同感也有着深远意义，真正体现了语文课程在学生生命成长中的多重功能。

（三）研究目标

1. 通过设计和指导过程突破难点，获得有效策略

在课内阅读指导和课外阅读实践的综合过程中用教育戏剧优势解决高年级整本书阅读教学的难点，获得融教育戏剧于整本书阅读教学的有效策略。

2. 通过实践和运用方法发展素养，形成实施路径

通过实践研究，在实施和运用融戏阅读的过程中发展学生语文素养，并根据策略的分步落实，归纳形成融戏阅读的实施路径。

3. 通过提炼和研究策略获取经验，推动特色发展

找到适用于学校的教育戏剧渗透学科教学的途径和经验，在实践和研究中深化学校教育戏剧特色，推动学校教育戏剧背景下的语文课程建设和学科特色发展。

（四）研究内容

1. 在设计和指导阅读的过程中研究策略

（1）以教育戏剧视角选择高年级学生适宜读物

运用文献分析、调查研究等方法厘清高年级阶段学生年龄特点、学习情况、阅读喜好和发展需求等，分辨适合开展运用教育戏剧进行导读、交流、反馈和展示的书籍，以确定开展研究所应用的读物，也就是解决选什么书适合用教育戏剧来组织高年级学生阅读的问题。

（2）借教育戏剧特性确定整本书阅读教学目的

整本书阅读作为阅读教学的一个组成部分，有其教育目的。从小学阶段来看，可以分为几种类型：积累性阅读、理解性阅读、鉴赏性阅读、评

价性阅读和消遣性阅读等。借助教育戏剧的功能与育人价值，结合部编教材阅读单元的要求，以确定课题研究中整本书阅读教学的主要目的，从而有侧重地开展实践和策略研究。

（3）用教育戏剧手段落实整本书阅读教学任务

以实践推进来落实本课题的主要教学任务，将教育戏剧渗透于读物介绍课、阅读导读课、阅读推进课、阅读交流课、阅读反馈课和阅读展示课等活动。用教育戏剧手段结合阅读包含的行为，通过渗透教育戏剧开展整本书阅读教学活动，维持并强化学生阅读兴趣，促进其养成阅读习惯，积累语言，发展思维，提升阅读能力，在整本书阅读的完整过程中巩固学到的"读一本书"的途径。同时，在交流文学体验中提升审美鉴赏水平，产生文化认同，充分感受阅读带来的身心愉悦。

（4）融教育戏剧元素形成整本书阅读教学策略

通过经验总结及对前三个研究内容的教育教学过程进行资料收集、归纳和提炼，形成融教育戏剧于整本书阅读教学的有效策略。同时，梳理与学校教育戏剧特色发展相关联的有效经验，促进学校及师生的阶段发展。

2. 在实践和运用策略的过程中研究路径

经过融教育戏剧于高年级整本书阅读教学的几个阶段全过程经历后，把获得的教学策略对应整个过程的推进轴，研究这条轴线上的关键节点并构建出既符合整本书阅读教学规律，又体现本课题研究特征的融戏阅读教学路径。

3. 在提炼和总结经验的过程中研究特色

在提炼和总结的过程当中，照应研究背景、价值和目标，结合学校基于教育戏剧促进课程建设和学科特色发展的环境，研究本课题所凸显的在语文学科教学特色方面的方法、经验和成效，向内与学校特色"同频"，向外与整本书阅读教学研究"共振"。

（五）研究路线

1. 支撑分析

围绕课题关键词"整本书阅读""阅读教学""教育戏剧"等展开文

献资料的搜集和分析，奠定研究的理论基础；在针对学生、家长和教师等开展问卷调查的同时，开展课程实施的已有基础分析，摸清家底，明晰自身优势和可用资源，为课程实施提供实践研究基础。

2. 实践行动

明确融教育戏剧于小学高年级整本书阅读教学的过程和任务，在教育戏剧关联渗透和作用下，结合教材，适度调动和开发供教学用的阅读资源，在定位、推进、评价和总结的全过程中螺旋上升，梳理出行之有效且融通运用教育戏剧的整本书阅读教学策略。

3. 提炼总结

学生的语文素养、阅读能力等如何更好地培养？又是如何与教育戏剧联系起来并付诸实践的？其效果如何？本课题研究在整体过程中从教学、教师和学生等不同维度深入分析个案，提供可借鉴的成功经验，反思过程中存在的问题，形成提炼性总结。

总体研究路线如下图所示：

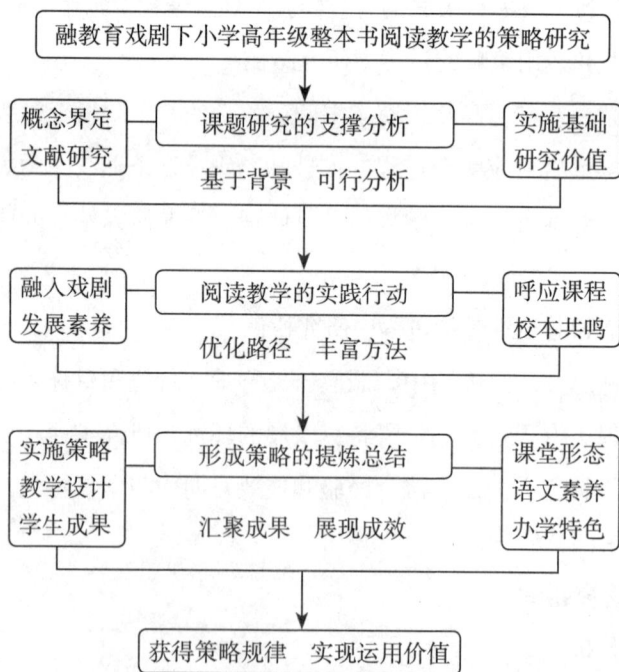

```
          融教育戏剧下小学高年级整本书阅读教学的策略研究

概念界定          课题研究的支撑分析          实施基础
文献研究                                    研究价值
               基于背景    可行分析


融入戏剧          阅读教学的实践行动          呼应课程
发展素养                                    校本共鸣
               优化路径    丰富方法


实施策略          形成策略的提炼总结          课堂形态
教学设计                                    语文素养
学生成果        汇聚成果    展现成效          办学特色


              获得策略规律    实现运用价值
```

研究路线图

（六）研究方法

1.文献分析——分析明确整本书阅读教学策略研究方向

收集国内外教育理论特别是教育戏剧运用及整本书阅读教学有关文献资料，借鉴已有的理论成果，支撑和构建本课题的理论框架和方法结构，在理性分析中完善思路。

2.调查研究——清楚把握整本书阅读教学师生现状需求

以语文教师、学生、家长等相关人员为对象，采用文本分析、问卷调查、访谈等方式，了解整本书阅读教学实施的现状和需求。

3.行动研究——推进提升整本书阅读教学融戏于阅读实践

设计阅读教学阶段任务，设计相应的整本书阅读教学课型并按时间节点进行落实。在实践中与同年级的开展过程进行比较，就课堂教学开展过程中的策略和问题进行及时有效的整理和分析。邀请教研员指导，对开展的活动，从策划、实施到总结进行与课题相关的实践行动和研究调整。

4.经验总结——归纳梳理融戏开展整本书阅读教学策略

总结有效的融教育戏剧于整本书阅读教学的策略，推广课堂教学经验，结合教学实践促进其持续开展。由感性认知到理性分析，再用理性结论指导课堂教学和主要活动的开展。注重联系，提升研究价值和意义，在总结中归纳与学校教育戏剧特色发展相关联的有效经验。

三、研究过程

（一）启动研究，调查分析

该阶段主要通过文献研究法和调查研究法，一是为给课题研究提供理论基础和实例参考；二是为了从教学实践中找寻切实问题，明确研究定位和方向；三是为了梳理我校学生整本书阅读的现状及问题，为后续整体推进课程实践研究提供完备条件。具体研究如下：

1.查找文献研究，提供理论支撑

在第一阶段开展文献研究，重在为实践研究的实施先理清国内外关于教育戏剧理念及其实践的相关研究、国内关于整本书阅读指导理念及其实践的相关研究，以及融教育戏剧于小学阅读教学的研究及意义。在文献研究的基础上，对本课题的研究意义和价值有了更清晰的定位，明确了实践的主要方向和内容，即：学生读哪些书，怎么融教育戏剧的方法于读书，怎样形成一个融合教育戏剧的整本书阅读教学全过程，这样做的好处有哪些，最后得出怎样的策略。

2. 专家指导研讨，提供实践支持

邀请闵行区教育学院小学语文教研员、特级教师作为本课题的专家顾问，成立课题小组，引领全体语文教研组成员、主持人引领的名师工作室成员、带教的区"希望之星"等共同进行课题研究，实践研究过程本身具有一定的辐射面和影响力。主要研讨研究的内容定位、与融教育戏剧于整本书阅读教学相关的资源与准备、本课题研究的教学课型、整本书阅读教学的单位周期等。

（1）关于阅读内容定位的研讨

针对本课题的研究定位，选择和确定学生读哪些书是先决条件。经过研讨，在专家的指导下课题组首先研读教材。我们发现在部编小学语文五年级的两册教材中，与课外阅读息息相关的内容包括：两个"快乐读书吧"推荐的读民间故事和古典名著；五年级上册第三单元的习作《缩写故事》和第八单元的习作《推荐一本书》，五年级下册第二单元的习作《写读后感》；五年级上册第八单元口语交际"我最喜欢的人物形象"，下册第二单元的口语交际"我们都来演一演"等。可以发现，在《课程标准》的目标要求下，教材还有明确的课外阅读内容。因此，我们语文教师不能散点地看这些分布在五年级上下册各单元的课外阅读相关教学内容，而应该带着整体意识，寻找教学策略，合理联系设计，用好教材，发挥其特点，进行有规划的整本书阅读全程教学，以让学生维持阅读兴趣，提升阅读总量，发展阅读能力，使其课内外的读、说、写相互促进，在阅读经历中提升语文素养。

（2）关于确定教学课型的研讨

在专家指导和共同研讨下，课题组确定了融教育戏剧于小学高年级整本书阅读教学策略研究所需要实施的几种课型，分别是：阅读指导课、阅读推进课、融戏综合实践、阅读反馈课和阅读评价课。并且，确定了每种课型的主要任务。

融教育戏剧于小学高年级整本书阅读教学的课型及任务表

课型	阅读指导课	阅读推进课	融戏综合实践	成果交流课（阅读反馈）	成果交流课（阅读评价）
主要任务	读物介绍，激发阅读兴趣。阅读方法的指导、阅读时间的确定、一阶段阅读任务的布置。课后每天或每周了解阅读进度，随时简单交流阅读内容和感受。	一阶段阅读任务（阅读单）的交流。需要设计好阅读推进单，回家落实，课堂反馈。	运用"师生入戏""思路追踪""定格"等教育戏剧手段来创设情境，确定精读片段，指导学生合作开展创编、写剧和演剧等综合实践活动。	根据阅读时间的规定，在读完整本书后进行课堂反馈，交流阅读推进单。布置成果交流的任务，指导方法包括阅读卡片、阅读小报等（个人或小组制作）。	整体交流读整本书的成果，个人或小组展示阅读成果作品，或是撰写读后感。及时激励并保存成果。激发读下一本书的兴趣。

这就为策略的有效形成提供了充分开展实践研究的阵地和必备的实质条件。

（3）关于课题实施步骤的研讨

为使课题研究有效且稳定开展，课题组开展实施步骤的研讨，将课题实施分为三个阶段，遵循"理论学习—研讨布局—实践验证—反思研修—提炼策略—总结成效"研究路径，形成每月专家引领研讨与实践、每月一次教研与实践的研究常规，并由课题组成员、各班语文教师结合语文教材组织学生开展阅读实践，上好每一种课型。

3.调查分析现状，提供现实依据

本课题研究第一阶段，课题组设计了一份调查问卷，从学生阅读兴趣、日常课外阅读实际情况和阅读体验相关情况几方面着眼，对学校120名五年级学生做了调查，以求通过数据分析了解学校高年级学生课外阅读的整体情况，便于课题实践有针对性地开展落实。

（1）学校高年级学生阅读兴趣相关分析

本校五年级学生阅读兴趣调查如下表所示：

Q1：你喜欢阅读吗？［单选题］

选项	小计	比例
A. 非常喜欢	53	44.17%
B. 比较喜欢	48	40%
C. 一般	19	15.83%
D. 不喜欢	0	0%
本题有效填写人次	120	

Q2：你喜欢读哪种类型的书？（可多选）

选项	小计	比例
A. 科普类	83	69.17%
B. 历史类	55	45.83%
C. 童话类	83	69.17%
D. 动画卡通类	52	43.33%
E. 学习辅导类	20	16.67%
F. 绘本	49	40.83%
G. 报纸杂志类	25	20.83%
H. 其他	26	21.67%
本题有效填写人次	120	

Q6：和看电视、上网相比，你更喜欢阅读课外书吗？［单选题］

选项	小计	比例
A. 是的	47	39.17%
B. 不是，我更喜欢看电视或上网	17	14.17%
C. 那要看是什么书	56	46.67%
本题有效填写人次	120	

从数据中可以发现，学校五年级学生没有选择"不喜欢"阅读的情况，结合我们给出的学生具体喜欢哪些类型的书，以及和其他消遣或碎片化阅读比较，可以发现学生的真实情况，是要视"阅读什么书"为兴趣产生点。因此本课题研究付诸教学实践的第一步——对于阅读内容定位的研讨是正确的，有助于"对症下药"提升学生读书兴趣。

（2）学校高年级学生阅读实际情况分析

本校五年级学生阅读实际情况调查如下表所示：

Q3：你每天用于课外阅读的时间为：［单选题］

选项	小计	比例
A. 1小时以上	25	20.83%
B. 30分钟到1小时	49	40.83%
C. 30分钟	45	37.5%
D. 无	1	0.83%
本题有效填写人次	120	

Q7：你平时在什么情况下读课外书？［单选题］

选项	小计	比例
A. 主动阅读	82	68.33%
B. 老师要求	19	15.83%
C. 家长监督	19	15.83%
本题有效填写人次	120	

Q9：你读课外书时，一般：［单选题］

选项	小计	比例
A. 认真读	79	65.83%
B. 挑选有趣的片读	41	34.17%
C. 随便翻翻	0	0%
本题有效填写人次	120	

从时间上看，大部分学生的阅读时间在每天半小时以上，这就保障了本课题研究能够开展实践的空间和时间。同时，可以发现高年级学生的主动阅读占主要部分，这也让融教育戏剧于指导学生阅读整本书的过程能够在学生有一定内驱力的前提下开展。

（3）学校高年级学生阅读体验情况分析。

本校五年级学生阅读体验情况调查如下表所示：

Q11：你写读书笔记吗？［单选题］

选项	小计	比例
A.坚持写	14	11.67%
B.有时写	67	55.83%
C.从来不写	39	32.5%
本题有效填写人次	120	

Q12：你经常和同学们交流读课外书的感受吗？［单选题］

选项	小计	比例
A.经常	13	10.83%
B.有时	92	76.67%
C.没有	15	12.5%
本题有效填写人次	120	

Q15：在阅读时有没有把自己想象成书中的某个人物？［单选题］

选项	小计	比例
A.经常	51	42.5%
B.偶尔	62	51.67%
C.从来不	7	5.83%
本题有效填写人次	120	

Q16：在阅读时你的感受有？（可多选）

选项	小计	比例
A. 跟着书中的情节而感到喜、怒、哀、乐等	106	88.33%
B. 思考书里的人物、故事带来的启发	86	71.67%
C. 迫不及待地记录下好词、好句、好段	39	32.5%
D. 看着看着就睡着了	11	9.17%
本题有效填写人次	120	

这一部分调查与本课题研究的主要内容与目标息息相关。从数据看，学生阅读后的积累和分享情况是处于比较散漫的状态，缺少系统的教学干预，这就意味着本课题研究的实践意义。另外，在阅读中学生的体验和感受符合这个年段孩子的心理特点。可见融合教育戏剧方法到整本书阅读教学的过程当中，既符合他们现有的认知规律，又很容易引导学生增加阅读深度，有助于把散乱的、随机的、偶然的阅读转化为有目标、有过程、有方法、有交互的有效课外阅读。

（二）实践研究，过程推进

1.确定读物，"联"根本依据与需要以定位整本书阅读

在研究推进过程中，读物内容既要符合相关制度要求，又要联系教育戏剧特性来进行选取，并根据需要不断调整。首先是根本依据：一是依据部编教材对本年度的学生阅读内容的指向，二是依据教育部《中小学生课外读物进校园管理办法》。前者确保学生联系课内外，对阅读内容有兴趣；后者是教育部对学校读物管理的标准要求。

学校语文组根据这两点，经教研组和备课组研讨，再结合是否适宜教师在阅读全程中融合教育戏剧方法进行指导和教学，梳理出了学校读物列表，供教师开展整本书阅读教学实践。

浅研寥记

学校五年级课外读物推荐表：

2021学年××学校课外读物推荐表

年级	学期	序号	书名/报刊名	类型	推荐理由
五年级	第一学期	1	《中外民间故事精选》	文学类	"快乐读书吧"同步阅读
		2	《寄小读者》	文学类	文笔清丽，语言亲切，透着作者未泯的童心
		3	《一百个孩子的中国梦》	文学类	反映当代中国孩子的生活状态和深层心理
		4	《今天我是升旗手》	文学类	作品故事生动，情节曲折，人物形象鲜明
		5	《少年读史记》	文学类	历史类书籍，适合孩子了解中国文化
		6	《80天环游世界》	文学类	整本书都有一种意犹未尽的感觉，仿佛读者跟随主人公进行了80天的旅行，视觉、听觉、感受都随着这个旅行在不断变化
		7	《秘密花园》	文学类	关于成长的书，涉及孩子们成长过程中许多问题
		8	《森林报·秋》	科普类	一本关于大自然的百科全书
		9	《什么组成我》	科普类	读完会发现，研究人类自身是一件多么有趣的事情
		10	《洞》	文学类	前所未有的惊奇体验，颠覆想象的头脑挑战，在悦读中成长
	第二学期	1	《红楼梦》	文学类	"快乐读书吧"同步阅读
		2	《西游记》	文学类	"快乐读书吧"同步阅读
		3	《昆虫记》	自然科学类/科普类	将昆虫世界化作供人类获取知识、美感和思想的美文

年级	学期	序号	书名/报刊名	类型	推荐理由
五年级	第二学期	4	《建筑艺术的语言》	艺术类	像是一个思维导图，引导读者系统化地进入建筑艺术的世界
		5	《大林和小林》	文学类	20世纪中国最优秀的民族童话精品，奇特的构思、夸张的手法、大胆的想象、曲折的情节，让人爱不释手
		6	《下次开船港游记》	文学类	通过富有神奇色彩的幻想故事，告诉小读者懒惰就是时间的停滞、生命的浪费
		7	《三国演义》	文学类	"快乐读书吧"同步阅读
		8	《水浒传》	文学类	"快乐读书吧"同步阅读
		9	《绿山墙的安妮》	文学类	"彩虹少女"安妮的成长故事，轻松诙谐又甜蜜暖心
		10	《地心游记》	科普类	集想象力、文学性和科学性于一体的杰作

　　为了更加有侧重且有效地指导学生开展课外整本书阅读，教师可以在自己班级确定本学期某一阶段全班共同读哪本书。例如，在五年级第一学期选择法国著名作家凡尔纳的《80天环游世界》这本书来开展全班共同阅读，一方面是这本书适合五年级孩子的阅读兴趣和能力发展水平；另一方面是可以将教材中的"缩写故事、推荐一本书、我最喜欢的人物形象、我们都来演一演、写读后感"等内容要求不费周章地自然联系整合起来。此外，选择适切的读物不仅能激发学生的阅读兴趣，更重要的是其所蕴含的育人价值，以及对学生的审美情趣和文化认同产生的积极影响。

浅研寥记

2. 依据课型，"进"课堂运用教育戏剧指导整本书阅读

（1）课外阅读指导课，以设计提升指导效果

阅读指导课要有效，前提是对学情的把握和高效的导读设计。作为教师，指导学生读一本书要充分关注和了解自己班级的学情。首先是联系前几个学年，是否有过在老师的指导下开展读课外整本书的经历。如果班级学生是初次在老师指导下开始阅读课外的整本书，就需要在阅读指导课上新授读一本书的方法，并且初步实践并布置学生用学到的阅读方法去读后续的内容。如果班级学生已经在老师的指导下有过共同读一本书的经验，那么在阅读指导课上就可以调动他们的已有经验，获得读当下这本书的一些重点方法。

例如在五年级第一学期指导读《80天环游世界》的导读课中，本人根据学生在四年级时已有的阅读《爱的教育》这本书的经验：首先，回顾阅读一本书的方法——浏览，了解这本书的内容；品味，深入这本书的精彩片段；积累，留下阅读这本书的过程。接着，通过实践——读一读这本书的内容提要，交流获得的有效信息——来唤醒学生已有的阅读方法。然后，根据即将要读的这本书的特点，我运用戏剧元素中的"墙上的人物"来引导学生阅读第一章，梳理人物特点及相应的表现。在这样的过程中，学生获得了阅读这本书的新方法，并明确了要将其运用到读后面的章节当中。需要注意的是，教师在阅读指导课的最后，要给学生清楚的下一步任务和反馈的时间节点，使得阅读任务能够有序、有效地得到落实。

附：课外阅读指导课教案举例

《80天环游世界》课外阅读导读课

【教学目标】

1. 复习巩固学到的"读一本书"的阅读策略，采用多种形式交流并激发阅读《80天环游世界》的兴趣。

2. 初读第一章，通过"墙上的人物""思路追踪""师生入戏"等教

育戏剧手段，初步了解人物特点和故事起因，感受阅读带来的身心愉悦，产生继续阅读的愿望。

3. 通过阅读中的交流分享，维持并强化阅读兴趣，继续养成读整本书的阅读习惯，开始按一定的计划阅读这本书。

【教学过程】

一、回顾启发

回顾四年级全班一同阅读的《爱的教育》和《中国古代寓言故事》两本书，梳理读一本书的策略。交流板书。

浏览：

1. 浏览内容提要、简介、前言和目录等，快速了解这本书写了什么。

2. 根据这本书的特点，可以根据目录挑选你最感兴趣的故事先阅读，再阅读书中的其他故事；也可以按照目录的编排顺序逐个阅读书中的故事——具体了解这本书的内容。

品味：

1. 摘录书中你印象深刻或认为写得精彩的语段。

2. 朗读你最喜欢的语段，尽可能地把你的理解和体会通过声情并茂的朗读表现出来。

3. 联系书中的故事，挑选一位你喜欢的书中人物，说一说他的特点，并能用一个或几个事例证明你的说法。

4. 读完后，如果让你把这本书推荐给别人阅读的话，写写你的推荐词。

积累：

选择你最喜欢的一个语段或是书中的经典名句读一读、背一背，或是在读完后制作一张"阅读卡"。

二、试读交流

1. 现在，让我们分组来读一读这本小说的各个提要部分，再来交流交流你所获得的信息。分组读"作者简介""写作背景"和"内容概述"，可以动笔圈一圈。交流板书。

2. 同伴合作读第一章。交流板书，用"墙上的人物"初步了解主人公。

浅研寥记

3. 品读片段，进一步体会人物特点，联系与故事发展相关的特点。

小结：每读一章，就品味品味人物和作者的语言，是读书的好习惯。

三、摘录分享

1. 今天读的第一章，值得摘录的语段就不少。请你摘一摘你觉得有价值的语句，写在你的"阅读银行"本上，再跟大家读一读，说说你摘这段的原因。

2. 指名先简要说说摘录的理由，再朗读，随机评价，指导激励。

3. 老师分享语段，师生入戏配合读。

小结：从你们的摘录中，老师发现你们读书很有品位，能够发现一些凸显人物特点或是幽默风趣、包含作者表达风格的语句。

四、总结激趣

猜一猜故事发展：这样一丝不苟的福格先生怎么会去环游世界？福格先生能在80天内环游完世界吗？会让万能和福格先生走完环游世界之旅吗？只有让万能和福格先生走完世界之旅吗？这些问题我们会在后面的阅读中继续了解。遇到精彩的片段，我们还可以一起来演一演！

最后，老师请大家每天用20分钟时间，读两到三个章节。一星期后，我们将进行一次阅读的中期交流。

【板书设计】

读《80天环游世界》（画）

作者：凡尔纳　法国科幻小说家　爱冒险　爱幻想　著名作品

福格先生　英国绅士　改良俱乐部

低调：不参加任何协会，除了改良俱乐部；做好事不留名；不好交际；看报、打牌；单身；深居简出……

奇特、出众：讲信用；富有；分秒不差；精通世界地理；习惯一成不变

浏览　品味　积累

同时，课题组还开展了导读设计研讨，形成了带有戏剧场景代入、有教育戏剧相关小任务的导读单设计。

附：课题组设计的导读单1

五年级下册导读单第二单元语文要素

教材	必读书	选读书	单元人文主题	单元语文要素
五下 第二单元	《西游记》	《三国演义》 《水浒传》 《红楼梦》	观三国烽烟， 识梁山好汉， 叹取经艰难， 惜红楼梦断。	初步学习阅读古典 名著的方法。 学习写读后感。

教材	必读书	必要环节	选用环节
五下 第二单元	《西游记》	阅读导语 推荐书目 选读书目 自选书目 阅读时间 阅读方法 图书梗概	情景再现 角色扮演 人物名片 图文并茂

亲爱的小读者们：

　　《西游记》是一部神话小说，小说塑造了一批各具特色的人物形象：爱打抱不平的孙悟空、贪吃懒惰的猪八戒、救苦救难的观音菩萨、神力无边的如来佛祖……还有一个个神奇的故事，如大闹天宫、三打白骨精、三调芭蕉扇，生动有趣的故事背后，都蕴藏着深刻的道理，让我们走进一个个奇幻的故事，去感受文字的魅力吧！

推荐必读书目：

《西游记》——【明】吴承恩

推荐选读书目：

《三国演义》——【元末明初】罗贯中

《水浒传》——【元末明初】施耐庵

《红楼梦》——【清】曹雪芹

自选书目：

_____

_____

浅研寥记

续 表

阅读时间：

每天阅读30分钟以上，持续两周

日期						
页码						
日期						
页码						

阅读方法：

1.以默读为主，初步掌握阅读古典名著的方法。

2.遇到不懂的词句，能够运用多种方法理解。

3.体会书中的人物形象，感受人物的特点。

图书梗概：

《西游记》讲述盘古开天辟地，一颗仙石迸生出的美猴王拜倒菩提门下，取名孙悟空，苦练成一身法术，却因大闹天宫闯下大祸，被如来佛祖压于五行山下。五百年后，唐玄奘到西方取经收服孙悟空、猪八戒、沙悟净、小白龙作其徒弟。四人紧随唐玄奘上路，途中屡遇妖魔鬼怪，展开一段艰辛的取西经之旅。

唐玄奘经菩萨指点奉唐朝天子之命前往西天取经。途中路经五行山收得齐天大圣为徒取名孙行者，继而在高老庄又遇到了因调戏嫦娥被逐出天界的猪八戒。师徒三人来到流沙河，收服水妖取法名悟净。至此唐僧带着徒弟们历经千难万险，八十一难，最终来到灵山，功德圆满。

情景再现：

请用几句话，概括图片中讲述的故事：

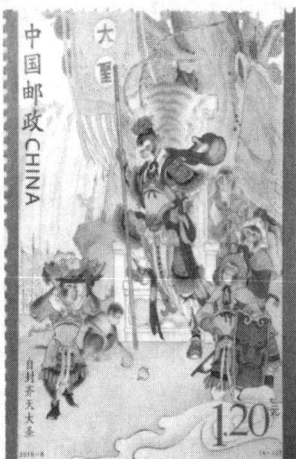

请用几句话，概括图片中讲述的故事：

_____

_____

_____

_____

_____

_____

_____

_____

角色扮演：

请以学习小组为单位，选择名著中感兴趣的章节，自编一部小短剧，并在班级里表演。

人物名片：

书中出现了很多个性鲜明的人物，请选择你感兴趣的一两个人物，画一画，写一写，以人物名片的方式展现出来。

（2）课外阅读推进课，以戏剧维持阅读兴趣

不少教师对学生兴趣的理解停留在"对未知的好奇"这一层面，这样就会导致兴趣易激发而难维持。其实学生的兴趣除了原始的好奇心外，还能在教师的引导下产生求知欲，并且这种求知欲也不仅仅是对书本内容的探知，更应关注怎样更有效地去读一本书。

除了用来导法的阅读指导课，在阅读整本书的过程中及时开展阅读推进课是必要的。阅读推进课不必拘泥于常规，可以借助戏剧情境的创设来进行共同阅读、章节讨论、阶段反馈等各种形式，但中间应有一定的时间间隔，根据书的内容长短来确定为宜。

在共同阅读课上，以学生的读为主体，目的是缩小学生之间阅读进度的差距，对内容有整体的、基本的把握，不必深入品读或过多交流。因此这样的课放在阅读指导课之后一周左右开展比较恰当，时间隔得太长，学生之间的进度差异就会过大，导致阅读任务难以得到落实。结合学生的年龄和心理特点，课堂上可以在默读的基础上，由教师或学生来进行朗读，这样能把那些阅读进度滞后、阅读注意力难以集中的同学及时拉进阅读过程中。同时，为了检测有效性，提升读的实际效果，可以在共同阅读课的后段让学生动笔做做摘录积累，内容除了摘喜爱的词句外，还可以写一句感受，让孩子在阅读过程中不仅在了解内容，同时也在理解、体会、评判、感悟。

在实验班级，课题组教师进行了名为"阅读银行"的实践尝试，让学生运用教育戏剧的"专家外衣"，不仅做阅读者，还能化身评判者，来开展有深度的评价性阅读。同时，以书籍奖励和学校"精灵币"奖励的方式来鼓励学生多积累，多思考。章节讨论或是阶段反馈的推进课，就比较接近于课内阅读教学的精读片段，教师们都有比较丰富的经验和多样的手段。值得注意的是，在阅读的阶段讨论或反馈过程中，也可以结合课内阅读的单元要素，来让阅读内容发挥更大效益。比如我在执教读《80天环游世界》的推进课时，首先选取片段来继续达成五年级上册第二单元提高默读速度的要求。接着，课堂上重点让学生品读描写人物特点的语段，体会

作者通过外貌、语言、动作等描写凸显人物特点的表达方法，同时也和第二单元的写作训练联系了起来。

3. 综合运用，"出"课堂体验教育戏剧深化整本书阅读

阅读推进的过程需要维持学生读这本书的兴趣，融合戏剧元素就是有效的手段之一。戏剧元素的多样性、人文性和实践性决定了它对课外整本书阅读教学的"调味剂"作用。除了较为普遍的"师生入戏""思路追踪""定格"等手段可以用来创设情境、交流精读片段之外，创编、写剧和演剧也完全可以在高年级开展，从而在教师组织的语文综合实践活动过程中发展学生的语文素养。

在阅读推进课后，课题组教师结合阅读内容，让学生开展分组合作，撷取书中的精彩片段，组织组内的学生合作进行一段相关小剧目的创编，并写一写简要的剧本。之后，可以给学生一段时间来协作演一演自己写的这个剧本，并在下一次阅读交流课时，或是最后的阅读成果展示课时来分组演出。这样的过程不仅能让学生快乐地投入阅读过程中，更是对他们合作力、表现力和自信心等的进一步培养，而他们与这本书的距离会更近、更亲。

4. 凸显效果，"回"课堂借助教育戏剧巩固整本书阅读

（1）交流展示促分享认识，加深理解

结合了戏剧元素的阅读推进过程已经变得立体而饱满，根据课外阅读指导的规律以及长程整体意识，就得开展有效的交流展示活动。交流展示的目的一方面是通过分享阅读认识和体会等来鼓舞学生的阅读信心，进一步激发兴趣，加深阅读理解，巩固阅读积累；另一方面是开展综合的过程性评价，来检验整体阅读效果，同时促进学生之后继续开展课外整本书阅读。

根据不同的阅读推进过程，成果交流展示课可以是分享阅读过程中的记录，比如摘录的精彩片段，以及自己对应的一些阅读体会；可以是各小组的剧目展演交流，每个组通过演剧来重现书中情境，演剧之后通过小组互评来进一步交流读书的感想体会等；可以是故事会，以小组为单位来讲

一讲书中的经典情节，或是结合教材中创造性复述的训练，让学生将一本书的内容分组串联起来讲；还可以展示书面成果，比如小组合作编写的阅读小报，或是阅读卡片、阅读积累本等过程性材料。

无论是怎样形式的阅读成果交流展示，教师都要明确地为学生再次梳理出读这本书的有效方法和达成途径，让学生既"得鱼"，又"得渔"。

（2）内外转化中抒己之见，提升表达

对于高年级孩子，阅读后的成果交流已经达到了检测阅读过程和效果的目的，在此基础上，就能顺理成章地达成教材中"写读后感"的要求。学生在阅读一本书的过程中，首先是感知内容的过程，也就是将书里的内容内化；在阶段交流和日常积累过程中，他们又经历了语言的外化，就是要说、讨论或是评价；加入戏剧元素之后，学生又经历了更多更深的转化，也就是要将自己"代入"到书的情节和角色中，这与平时没有专门指导的课外阅读的区别就在于自己读书时主要是通过想象来增加代入感，而戏剧元素关照下的代入感更真实、外显，更有互动性，更能在实践中发展学生的表达能力；最后要经历的，就是"消化"了整个阅读过程后，写下自己的读后感。

撰写读后感可以是多角度的，可以是自己对作品所表达的思想感情的呼应，可以是自己对书中人物的感受或评价，可以是自己对某些记忆深刻的情节的体会领悟等。但写读后感也应遵循一个基本规律，大致就是：先点明篇目写出总印象，再抓住感受简介相关内容，接着围绕感受表达想法或围绕感受展开联想等，最后总结感受升华感点。

写读后感既是习作课，又是在课外阅读一本书的全程整体中的收官部分，这个过程也能够比较综合地对学生阅读一本书的效果做出相应评价。

（三）**提炼经验，总结反思**

本阶段主要归纳总结各阶段的研究过程，提炼策略，梳理阶段成果成效，整理汇总过程性资料，结合专家意见，总结形成结题报告。本阶段，具体进行了以下工作：

1. 将获得的实践经验付诸常态

研究的主要阶段充分落实了融合教育戏剧来开展几类课外阅读教学课型的实施，在第三阶段，课题组不仅把有效经验常态化，在五年级语文学科教学过程中一步步落实，更把这套经验迁移到三、四年级，使得学生的融戏阅读经历更加长程，更有整体性。这也使得学校教育戏剧渗透基础课程的实施过程有了较好的范例。

2. 将形成的策略路径梳理成型

基于前阶段的实践研究，以主持人为核心，带动课题组成员和学校语文教师进行课堂教学展示与研讨。这既是对前阶段研究的总结，也是研究效果的呈现。最终梳理出"进课堂，入戏导方法—出课堂，融戏增体验—回课堂，悟戏促转化"这样一条简明而清晰的主策略，铺设出一条五年级学生整本书阅读的路径。

3. 将经历的研究思考积极推广

课题研究在不同的阶段，在主持人的组织和指导下，课题组成员、主持人带教的青年教师，均围绕课题积极将实践和思考撰写成文并争取发表。在《上海教育情报》杂志上，两年内前后三期发表了7篇相关论文，将研究过程中的理性思考和自己的案例分析等在市级教科研平台进行了展示和分享。

此外借助学校公众号、主持人的区域名师工作室等宣传方式，及时将本课题相关研究内容进行区域、社会等渠道宣传。这不仅维持和强化了学生对运用教育戏剧方法开展整本书阅读的兴趣，更让家长、社会了解了学校在这方面的教育教学成效，发挥了积极作用。

四、成果与成效

（一）研究成果

1. 形成了"进—出—回"整本书融戏阅读三步教学策略

经过对课题实践和研究过程进行提炼，呼应教育戏剧"入戏、演戏、

浅研寥记

出戏"三段式特征,得出了"进—出—回"整本书融戏阅读三步教学策略,如下图所示:

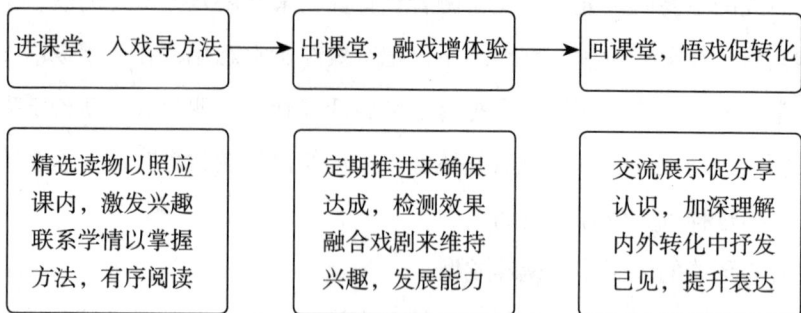

"进—出—回"整本书融戏阅读三步教学策略

2.构建了"一轴四课"整本书融戏阅读实施路径

在课内阅读指导和课外阅读实践的综合过程中,运用教育戏剧优势解决高年级整本书阅读教学的难点,构建了融教育戏剧于整本书阅读教学的实施路径——"一轴四课"整本书融戏阅读教学全路径,如下图所示:

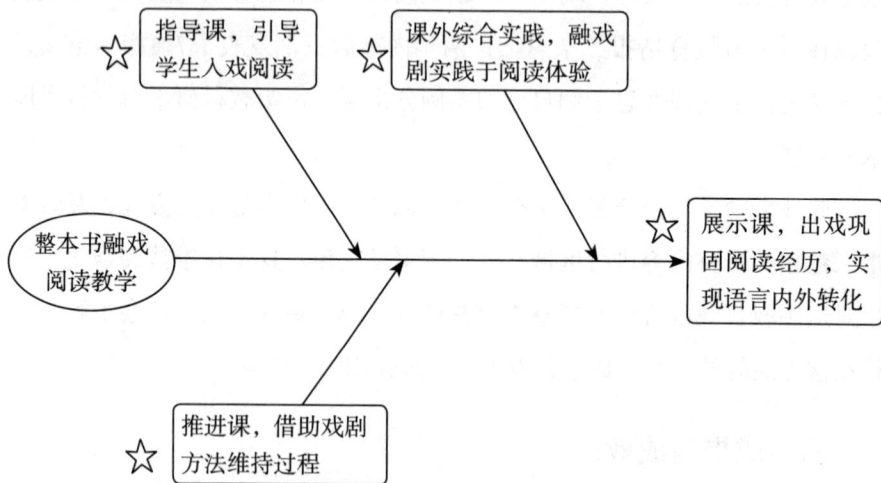

"一轴四课"整本书融戏阅读教学全路径图

（二）研究成效

1. 基于策略应用的成效——创新课堂衍生研究

（1）创新小学高年级整本书阅读教学过程形态

对比研究初期进行的调查，研究实施过程中的班级课外阅读不再是学生自由和缺乏指导地自主低效开展，而是在系统的策略关照下，经历融合教育戏剧的整本书阅读全过程。这包括：

阅读指导课——在戏剧情境的读物介绍中，激发阅读兴趣。得到阅读方法的指导、阅读时间的确定、一阶段阅读任务的明确。课后每天或每周反馈阅读进度，随时简单交流阅读内容和感受。

阅读推进课——一阶段阅读任务（阅读单）的交流。需要设计好戏剧元素介入情境的阅读推进单，回家落实，课堂反馈。

融戏综合实践——运用"师生入戏""思路追踪""定格"等教育戏剧手段来创设情境，确定精读片段，指导学生利用课余时间合作开展创编、写剧和演剧等综合实践活动，提升体验，加深体会。

交流展示课——出戏总结回顾，反思交流。根据阅读时间的规定，在读完整本书后进行课堂反馈，交流阅读单。交流展示自己的阅读成果，包括阅读卡片、阅读小报等的个人或小组制作。也可以用习作课的形式交流读整本书的成果，撰写读后感或好书推荐。

（2）衍生教育戏剧融入整本书阅读教学相关研究

随着研究过程的深入和策略的逐步形成，其实践层面的优势使得课题组教师和学校语文教师能够比较容易把握规律并迁移到自己的教育教学实践过程和思考当中。研究团队成员在市级期刊上两年内先后围绕本课题研究发表相关论文，取得了一定的衍生成效。

学校与本课题密切关联的课题与论文发表

序号	刊物	期数	发表文章
1	《上海教育情报》	2020年第6期	读前导法，读中融戏，读后抒感——小学高年级整本书阅读全程教学策略举隅

续 表

序号	刊物	期数	发表文章
2	《上海教育情报》	2021年第1期	"云课堂"里的读书会——在线学习期间课外阅读全程教学例谈
3	《上海教育情报》	2021年第1期	小学低段语文课外阅读指导与实践
4	《上海教育情报》	2021年第1期	浅谈三年级学生课外阅读指导策略
5	《上海教育情报》	2021年第3期	浅谈小学中高年级课外阅读的兴趣培养
6	《上海教育情报》	2021年第3期	有趣的阅读思考
7	《上海教育情报》	2021年第3期	让"阅读"成为"悦读"的思考——以三年级下册《快乐读书吧》栏目的教学推进策略为例

从教师发表的文章来看，都是在本课题的引领下开展，同时跨出本课题的高年级范畴，结合自身教学实践来对本课题进行支撑和印证。教师将本课题研究实践过程中的问题思考、经验凝练等转化到了自身教学中，这是教学策略研究的重要成效。

2. 基于路径实施的成效——发展学生语文素养

在整本书阅读教学全路径的实施过程当中，学生对语言的建构、思维的发展、审美的提升和文化的认同等几方面素养同时得到发展。本课题的实践研究，是基于课程标准的目标内容和学生学情，把握好教育戏剧元素和形式的运用，使其有效但不过度地作用于语文教学活动中，有针对性地发展学生的理解力、思维力、表达力和创造力，促进学生积累，使其对语文素养发展的积极作用区别于一般的课外阅读教学。

在语言建构上，借助"阅读银行"，学生的词句段积累和运用能力得到了提升。日积月累的阅读摘录对学生的语言建构起到了潜移默化、积跬步以至千里的积极影响。

在思维发展上，借助教育戏剧的阅读全过程，使得阅读一本书的各阶段有了思维含量。在阅读前，学生在戏剧情境中将阅读内容通过想象形象化，激发了阅读兴趣；在阅读中，"专家外衣"又让学生把阅读感受和阅读评价及时地记录下来、表达出来，同时在编排演的过程中亲身体验书中人物和情节，加深记忆、触发联想；在阅读后，学生回顾丰富的阅读经历，在老师的指导下撰写读后感或好书推荐，思维品质又得到了提升。

在审美提升和文化认同方面，学生一是通过教师依据教材和学情推荐的读物内容来陶冶情操，二是在戏剧过程中启真、明善、尚美。可以说结合了戏剧方式读一本书的过程，就是让学生经历了作者的审美方式，经历了书中人物的一段人生。

3.基于研究深化的成效——凸显学校学科特色

学校在第三轮发展期，依据办学理念打造特色，围绕市级课题"基于核心素养背景下的小学生教育戏剧课程构建的实践研究"、区级重点课题"应用教育戏剧，促进学校创新发展的实践研究""小学实施戏剧作文校本课程的实践研究"构建了教科研课题群。市级课题今年结题并获良好，区级重点课题结题都获得了优秀。这大力推动了学校现阶段在进入第四轮发展规划、启动新一轮市级课题引领下的学校教育科研整体推进。

而本课题的成效就在于着眼如何有效调动教育戏剧方式方法来提升基础学科育人方式的变革。在整体目标明确的情况下，如何用好教育戏剧这一撮"调味剂"，使得基础学科的相关实践研究也能对教师发展、学生成长起到积极作用，同样是本课题的成效和现实意义之一。

五、结语与反思

在如今的"双减"新形势下，师生的教育教学时间和空间正在发生变化。整本书阅读正在不断被学校和教师重视起来，而"碎片化"正是阅读始终存在的问题。本课题的研究，力求用教育戏剧这种手段来穿针引线，把小学高年级学生一本书的阅读、一学期几本书的阅读整合起来，形成一定的规律，摸索出策略并能够长期去落实。

此外，整本书阅读教学的评价体系值得深入研究。它应与本课题获得

浅研寥记

策略和路径相结合，从而形成较为完整的过程性评价。在本课题实践研究中，评价主要融合于各阶段课堂教学，或是以学生阅读过程反馈材料（包括导读单、阅读单、"阅读银行"、阅读小报、读后感等）为抓手。可见整本书阅读教学全过程评价是在教学策略之中产生的非常值得研究的一个方面。

其实，"整本书阅读"或者"课外阅读"的定义方式都不是最精确的。阅读教学的整体是课堂教学与课外阅读共同构成的。因此，课外整本书阅读全程教学，可以走得更早一些，可以根据小学的低、中、高三个年段来考虑得更系统些。从阅读内容的适应性开始，根据课程标准，给各年段学生提供符合他们兴趣和年龄特点并且和课内学习相呼应的阅读内容，然后开展全程的阅读实践。总而言之，我们语文教师既要有"天光云影共徘徊"的整体意识，又要有"绝知此事要躬行"的教学实践，让课外整本书阅读教学不再游离在"课外"，而是与课内的阅读、写作、口语交际和综合实践活动齐头并进，相辅相成。

参考文献：

［1］李政涛.教育科学的世界［M］.上海：华东师范大学出版社，2010：165.

［2］张生泉.教育戏剧的探索与实践［M］.北京：中国戏剧出版社，2010.

［3］谭梅，杨叶.核心素养视阈下儿童文学与小学语文阅读教学研究［J］.教育与教学研究，2018，（11）：21-27.

［4］沈洁.小学中年段语文课外阅读指导策略［D］.苏州大学，2017.

［5］于群.小学整本书阅读教学研究［D］.山东师范大学，2019.

［6］林频，魏登尖.教育戏剧在小学语文阅读教学中应用六法［J］.青海教育，2018，（6）：30-31.

［7］李怀源.叶圣陶"读整本书"思想研究［D］.北京：首都师范大学，2009.

[8] 谢聪. 小学生课外阅读的问题与对策研究——以哈尔滨小学为例
　　[D]. 哈尔滨：哈尔滨师范大学，2018.

[9] 王毅. 学校教育戏剧研究——从"英美经验"到"中国实践"
　　[D]. 上海：华东师范大学，2019.

本课题研究获2021年度闵行区区级一般课题结题良好

浅研寥记

师道随想

采得百花成蜜后，为谁辛苦为谁甜？

——罗 隐

为师初心

今天，我无疑是学校里除了期末成绩之外的热门话题之一。自进了校门至教室坐定，一路看得些仿佛怕我，或分明想避我的眼神；闲语纷纷，也好似要簇拥上来说，却终于还是聚着悉索了。重点中学的学生，毕竟不至于对同学如此。而我也再清楚不过，今日学校的铁门旁，晃晃地悬着块黑板，上有"高二×班沈×，全校通报批评，以观后效"之类云云。

期末的成绩倒是不出所料的差，唯出奇的是，老师们一反往日，今天的话题，再没有提到我半个字。"下学期就要高三了！让我们做好最后的冲刺……""祝福同学们都能在高三展翅高飞，为南洋中学再添辉煌……"

终于浑浑地挨到了放学，乘着拂面的初夏暖风，我踩着脚踏车在家门外的街道一圈又一圈地绕着，直到街灯接替了暮阳。家里的窗口也亮起了，步子再拖沓，终是极缓慢地开了门。父亲坐在桌边，母亲正从厨房里端出已经热得发黄了的菜，同时转过头来了。"回来了？学期最后一天老师还补习啊……快吃饭吧……"

父亲在试卷上签完了名，抓起烟盒，转身去了阳台。母亲仍盯着我那张几近空白的数学卷："儿子，你怎么掉成这样？……还记得你是怎么考进重点高中的吗？……马上就要高三了，这怎么办呀？……"母亲的泪水，更模糊了我的答案。

整个七月，我没有去母亲给我报名的补习班，每天只是踏着自行车，在烈日里来回地骑。八月的前一天晚上，电话响了。

　　"喂……噢！周老师你好你好……嗯，好好好，知道了。"母亲挂下电话，回头喊道，"儿子啊！你们学校周老师来电话了！说明天下午到我们家来家访！"

　　"周老师？哪个周老师？不是我们班主任啊。"

　　"说是你高三的新班主任，一个男老师，声音听上去挺年轻的。"

　　噢，原来是他——学校的班级太多了，老师也不少。我终于想起，是同学们和学校表彰时经常提起的高三优秀教师，学校史上最年轻就兼任高三年级组长的周老师。家访，这个词对我而言是陌生的。从小学到高中，十余载间，从未有老师来过我家家访啊！这一晚，我合不上眼，天花板上，演绎着我高中两年来的一幕幕不堪：自郊区考入这里后，由于跟不上节奏，数学成绩从未及格过一次，从而所有的理科成绩，都受到牵连不断地下滑；因为在舞蹈课时去操场踢足球，被全校通报批评……一切都已麻木的事物，在这一夜一下子涌向我，让我战栗，而伴随着战栗的那种莫名的兴奋感，又是什么呢？

　　第二天晌午，草草吃完午饭的我，守在街口等候着。夏日蝉鸣的机械反复，拉长了午后的时间；汗由渗至滴，终于流淌开；燥烈的太阳一丝丝斜下来，快要埋入大楼了。终于，在几丝余光中，湿透了后背的我，望见远远的，那个踩着自行车而来的瘦小个子，已全身如浸的，不正是周老师吗？"周老师！周老师！"我摇起手，几乎跳起来。

　　周老师擦了擦眼镜片上的汗滴，把自行车一靠："诶，你家可真难找啊！我看你每天骑自行车回家，以为很近呢，结果找了我一下午，看来后面的几家今天去不了了。"

　　"周老师你认识我？"

　　"怎么能不认识呢？要到我高三班里的同学，我都在学校'提前'认识了，呵呵，你不也认识我吗？走，上楼吧！"

　　"诶！"我是窜着上楼的，推开家门，连母亲看我的眼神也似乎与往

165

日不同了，倒像是见了个陌生的人闯进家门一般。

"周老师……我家儿子他……"

"你儿子的情况，我都了解了。别担心，男孩子到高三会上去的，况且他的基础其实……"

我一直坐着细听母亲和周老师的谈话，我感到自己又回到了小学一年级的时光，那个背着书包蹦跳着去学校的我，那个每堂课都聚精会神、每项作业都认认真真完成的我，那个脑中只回荡着简简单单八个字"好好学习，天天向上"的我……一切被埋在心底的自信和脑海深处的那股动力，全都回来了，回到我身上了！

高三的第一次月考成绩出来了，这是我第一次那么渴望听到老师报成绩。打铃了，周老师的表情总是很严肃，他缓缓地铺展开卷子，轻轻推了推眼镜，扫视了一圈教室，把眼神停留在我身上，然后说道："同学们，高三第一次月考，主要是前两年的复习内容。我出的卷子，的确是比较难的，以往都是全军覆没，但这次我们班有四位同学及格，我很欣慰。"我的心一紧：莫不是有我？如果当真我及格了，那真是……那真是……

前三个都不是我。"第四名，沈喆，64分！"

全班都看着我，那些平日里怕的、避的、躲的种种，一时化成了惊的、疑的、敬的，几乎将我灼伤、烫坏。周老师依旧严肃地读完了每个同学的成绩。接着两堂课的分析，每一题、每一步、每一句，我记了密密麻麻的一整张卷子。放学了，我是冲刺着出了学校；使足了所有的力气踩着踏板；一股脑儿奔上了六楼，撞开了家门。父亲和母亲这一日晚餐备得出奇的慢，看着已被我抓破的卷子，脸上挂着说不出的表情。"别辜负了你们周老师……"

周老师将收叠整齐的毕业志愿表小心翼翼地发下来，对每个同学都耳嘱了一番。"你看看，周老师觉得你的成绩可以冲刺一把，所以给你再要了张表。"他将一张书页大的白纸从我的志愿表里抽出来，居然是学校仅有的几个北京大学的限定名额申报表。我怔住了：这一年来，我拾级而上，从年级第500之外，上升到了100名附近，几乎接近了学校所谓的"名校线"，周老师居然为我申请了北大的申报表……

"周老师。"我没有抬起头，忍住眼中的热泪，递还了那张申报表，"我已经决定要考的学校了，我要考师范学校，当老师。"

谢谢您，我的恩师。如今的我，已和您拥有一样的光荣，能够承着改写我一生的力量，去给予一代又一代的孩子们希望之光。

师道随想

入党那一天

　　"我志愿加入中国共产党，拥护党的纲领，遵守党的章程，履行党员义务……"2013年12月3日，我终于庄严地念响入党誓词，成为了一名光荣的中国共产党员！从那一天起，我更加坚定理想，作为一名党员教师，用至诚和信念浇灌着自己事业的热土。

　　"有匪君子，如切如磋，如琢如磨。"在成为党员后的这些年里，每当有思想中的困惑、专业上的难题、工作里的障碍时，我总是会求教于一位优秀的老党员——我的师父杨献荣老师。作为党员的师父一直以来都指引着我前进的方向，是我理想、信念和德行的榜样。

　　这年，我代表闵行区站上了上海市语文课堂教学观摩的讲台，得到了在场老师们的肯定。这堂课的背后，是自己近十年工作磨炼的积累，更离不开师父的模范作用和悉心栽培。在得知要作为闵行区的代表参加上海市语文观摩课的执教时，我的内心既兴奋，又忐忑：我真的能做到吗？这时，师父对我说："推选你代表我们区去上市里的课，是对你的信任，也证明了你是先进的代表，要好好抓住这个机会！"听了这话，我的犹豫和疑虑消失得一干二净，更坚定了决心——要将这些年在教育教学方面的学习和提升呈现给大家，展现出闵行课堂教学改进的成果！在完成日常工作的间隙，我和师父一起研读文本，钻研理论，设计教学，不断构建起这样那样的课堂设计。

第一次试教后，师父竟带着我从未见过的严厉神情说："这是我见过你上得最差的一次课！"我明白，这是师父对我的高标准和严要求，更是一名党员教师对原则的坚守。在之后的几次研琢中，许多优秀教师给了我各方面的建议，我开始迷糊了。师父却说："你是一名党员，要坚定贯彻自己正确的信念！"这使得我走出了眼前的迷雾。

正式上课的前一个周五，师父将我邀到教育学院。在一间空教室里，杨老师说："来，我做学生，你给我上一遍课。举手投足、每个神态、每句教学语言，咱们都得琢磨得清清楚楚。"近四十分钟的一堂"课"里，年过半百的特级教师成了个十来岁的孩子，一会儿紧锁双眉地回答问题，一会儿声情并茂地朗读课文……《一夜的工作》里写道："你们看见过这样的总理吗？"我同样想说"你们看见过这样的专家、特级吗？"上完，师父又教我练板书。他一个字一个字地进行范写——布局、行款、结体……一幅板书写了十数遍，我已经汗流浃背，手指酸痛。可师父却说："还要提高速度！"直到我达到了要求，师父才终于展开了笑脸……

在市里的执教取得成功之后，我的言行不由自主开始有些浮躁。电话里，师父带着严肃而和蔼的语气说："获得一等奖值得肯定，但这堂课已经翻篇了，要戒骄戒躁，在学校把本职工作做好。"我听了这话，想到自己的党员身份，不禁羞愧不已。我专业上的良师亦是我品行上的明镜。

区教育学院的"名师墙"上，杨老师的格言栏里写着"甘为人梯"。我曾经对杨老师说："您就像一条大河中的摆渡人，将许许多多的后辈从这一头渡到那一头。"他却笑着回答："言重啦！"他就是这样一位德厚、行谦、心阔、艺高的党员教师。

从入党那一天起，我有这样的前辈党员为楷模，前行的道路便充满了光亮！"以校为家，以生为本，以勤为事，以德为人"是我入党申请时对自己的要求。现在，这份初心将常伴我，在一名党员教师的生命历程中继续行进！

师道随想

陋室余篇

无丝竹之乱耳，无案牍之劳形。

——刘禹锡

"中和"随想——读《作文杂谈》后感

　　我写这篇读后感，经历了三个阶段。初谋本文时，我想取书中四十个题目中的一个，就着自己的经验专门谈改进的思考；取书再翻，又意从"序"和"读后记"来投机取巧一番；及至动笔，唯觉感触最深的，是本书带给我的一种"思想"——"中和"。

　　回顾全书，"读什么""怎样读""多读多写"等章节所包含的"博学"，"言为心声""题与文""开头结尾及其间"等章节所传达的"慎思"，"精与博""读与思""关于照猫画虎"等章节所体现的"明辨"，"课堂作文的练功""修改""作文批改"等章节所引导的"笃行"……无处不显"中和"思想。这种思想告诉我怎样在一种"平衡"的境地里思考、实践和收获，更重要的是让我学着去维持这种"平衡"的境地。

　　启发之一——"自评自改"。我在写一篇有关运用范文指导习作的文章时，就浅尝了新获得的思维方式。从范文的性质和作用的思考，到结合自己经验小结出一些提高习作指导效率的方法，再到最后反思整个过程，提出此文可能带来的弊端以及留下的悬而未决的问题等。我感觉自己思考问题的角度更加全面、细致，并且能尝试理性地自省，逐渐发现："向来枉费推移力，此日中流自在行。"

　　启发之二——"有利于"。这本书给我烙印最深的就是"有利于"

的智慧，是对我以往语文教学思考的提炼，也是对我今后语文教学思考的指引。语文作为一门学科，要求学生达到"熟"，掌握"知"。读本书的过程中，我被引领着"由表及里"地揭开了它们深层的东西——用一段有限的时间，不是让学生反复操练"熟"与"知"，而是让学生去做有利于"熟"和"知"的学习，这种学习才是有效的、长效的。这也是我们语文老师所要做的事情，是我们的教学所要达到的本质目标。我想，用这种"有利于"的眼光去审视我们自己的课堂，是不是会发现许多？是不是会担心许多？是不是会改进许多？

启发之三——"实事求是"。无论打开几次《作文杂谈》，我都能从字句间感受到作者的恳切之情、实在之意。正是这样的经验之谈，才会触动确实思考过、做对或做错过，以及确有需要的读者去不断调整做法。尤其是"作文批改"一章，谈到批改作文的难处烦处，谈到解决这些难处烦处的变通办法和使用理由。可以发现，从作者成书的年代至今，许多问题依然存在，许多办法也仍然适用。这也许是我们谈方法多，用方法少的缘故吧！如果我们多一些"实事求是"，试着按书里的方法去做，也许结果的确会轻松自己，提升学生。作者自谦文章是离开讲台之后的风凉话，但实在是我们用于讲台的好方法。

随想至此，竟发现自己在行文时无不需要参考书中提供的写作方法、所需注意和文章修改等指导。"走向极端"的结果，往往是在自认为正避免极端的道路上完成的。"中和"的思想，能够让自己多找到一些参照物，多从实际出发，多留意我们教育对象的兴趣、需要和习惯养成……《中庸》里的意思可能表达得更明确，当然也可能更深远："喜怒哀乐之未发，谓之中；发而皆中节，谓之和。中也者，天下之大本也；和也者，天下之达道也。致中和，天地位焉，万物育焉。"

陋室余篇

"木直中绳，輮以为轮"
——传统文化与语文教学的思考

近年来，无论是国家还是社会都对传统文化给予了高度的重视，并且还积极推进传统文化进校园。对于这一股"传统文化热"，出于职业习惯，我也对语言、文化和教育产生了零星思考。语言是人进行思维的工具，是使一切事物在语言运用者脑中产生定义和拥有意义的神奇工具，更是一个庞大群体的集体思维、交流和发展的工具。语言影响着一个民族的思维方式、文化形成和群体性格。因此，虽只是一名小学语文教师，我却感到身负重任。

语言与"曲直"

"木直中绳，輮以为轮。"是从荀子《劝学》中撷取的短句，可以理解为语言对思维习惯和行为习惯的影响。一般来说，人的语言分为思维组织的内部语言和外现表达的外部语言，但两者实是互为融合难解难分的。中国传统文化和我们民族语言的发展历程，形成了我们偏向于"曲"的思维习惯和表达方式；相比之下，西方文化的"直"则亦可能源于他们语言发展的历程。而这种发展过程、现状以及未来走向，其根源和基石是教育。就好比现下我自己的行文过程，绞尽脑汁想一个契合的题目是不可少的，而实际却使这种表达走了"曲线"。

随着时代的发展，我感到未来语言发展的趋势——甚至人类群体思维的发展趋势——必然是更"直"的表达。就拿现今的网络语言来说，它就是极具代表性的一种快速发展并正在形成其固有体系的语言表达形式。尤其是我们中文的许多网络语言，显示出了我们民族语言的使用潜力。在这种形势下，怎样将我们民族的传统文化镌绣于未来中华民族的语言中，也许是如今语文教学所需要思考的问题。我们不能，也不可能一成不变。

取舍显价值

传统文化与语文教学，犹如"月藏玉兔日藏乌"，两者相生相辅，互为作用。若处理得当，便能使教育增添精魂，滋润色泽，真正令学生"腹有诗书气自华"。

有取舍才有价值。我对中华传统文化教育价值的思考，主要集中在两方面，一是学生在受教育过程中民族意志和民族情怀的养成，二是对学生行为品性的浸润。如果说中国最早的"留学潮"源于"西学中用"的探索和"富国强民"的目标，那么如今社会"留学潮"的目的不免有些可悲。因此，从小对学生进行中华传统文化的熏陶，从大的角度来说，不仅能使民族意志与情怀扎根心底，甚至可能会改变未来中国与世界的关系。在修身立德方面，中华传统文化的价值更是不言而喻了。

国家教育部近年发布了《完善中华优秀传统文化教育指导纲要》，其中对中华传统文化的取舍，以"优秀"两字来概括。我们传统文化中的哪些部分，于教育事业来说，是"优秀"的？这还需要我们的教育设计者"博学之，慎思之，明辨之"，直至使我们教育工作者"笃行之"。我想那些"曲"而难懂的东西，是不该也不会再死灰复燃了。

架构固成果

至于怎样在教育教学实践中让传统文化落地生根，正是现在许多学校

陋室余篇

所探索着的问题。我感到先要建构起一个整体观：从小学、初中至高中的整体规划。也就是说，前一个阶段的教育教学，能够为后一个阶段的提升创造条件，打好基础，提供服务。

这样的整体性架构，要遵循人的科学发展规律，即从感性认知到理性认知，再到思考、研究、内化以及普遍作用的过程。比如我们小学阶段现在主要的策略有校本课程的实施、课外阅读活动、文化主题活动等。其中我认为课外阅读是开展传统文化教育最大的，也是最具潜力的一个阵地。这里就不得不讲到兴趣。在小学阶段，老师们对兴趣激发是比较有办法的，但更关键的是兴趣的维持和强化。兴趣怎么维持和强化？我看在于"交流"二字。在定期的交流中，学生获得了认同，产生了成就感，甚至找到了知音，那么兴趣就能够得到维持和强化。当然，交流的本身又是温故知新和语言运用淬炼的过程。在系统设计和正确引导的交流中，孩子们的语言之"轮"又打造得更圆润了。

兼容学审美

一字以概述传统文化，大部分人的脑海中会冒出"美"这个字。人对美的感受——伴随着大自然赋予我们的感官——是与生俱来的。但是审美的情趣却需要后天的培养和引导。这也是我们在教学实践中可以尝试去解决的问题，就是怎么让我们的学生懂得欣赏美。

朱光潜先生将"美"的感受归纳于"意象"和"情感"，这二者是交织融合的。比如我们的古诗词，正是契合了意象与情感的美的产物。当下社会产生的许多"神曲""广场舞"之类的东西，几乎直接解释了"饮鸩止渴"的含义。如果从小诵读古诗词，受其润泽，怎会为"神曲"之流所污染呢？当然，审美还要打开视野，开放思想，兼容并包。我们崇尚传统文化，也要去看看西方文化，在比较中采得两者兼有的东西，思考两者差异的东西。这样我们的学生才会成长为适应未来的、适应世界的人，我们的民族亦如是。

向往造"彼岸"

在西方文化发展繁荣的历史中，宗教元素仿佛是一种基调，它创造了很多民族精神世界的"彼岸"。我时常想：怎样用我们的传统文化来构建中华民族的精神世界？我想到的两个关键词是"向往"与"偶像"。这两者对人成长的作用实在是大得很。

"向往"的对象，或是一种境界，或是一种状态，或是一种生活，等等。用现下通俗的一个字来说，不就是"梦"吗？我就常向往"结庐在人境，而无车马喧"之境，也会在寂寥作文时蹦出"常著文章以自娱，颇示己志，忘怀得失，以此自终"的自叹。传统文化中使人向往的东西太多了。我们作为师者，应该尝试去帮助学生建立起一个个他们自己的"向往"，搭建精神世界的"彼岸"。

同时，我们也能够指引给学生许许多多传统文化中屹立着的"偶像"。人一旦有了偶像，就会去模仿他，追随他，了解他……那么，当我的偶像欧阳修悲伤时，当我的偶像苏轼孤独时，当我的偶像李白狂放时，我怎能不感同身受呢？顺应孩子的个性，给他们提供偶像：倔强的男孩子，去读读陶潜、屈原、文天祥；温雅的女孩子，去读读李清照……当他们在成长中再次理性地来认识自己偶像的时候，他们的精神世界一定会更丰满、殷实。

实用引教学

随想至此，我脑海中蹦出些对未来语文教学的奇思假想——一切为了实用的教学。演讲、朗诵、舞台剧等对语言运用训练十分有益的东西应该真正充实到语文教学中来。我们也许在未来会逐渐脱离课例式和假想式的"虚"语言文字教学以及短频快的课程模式，而向实境实用的"实"语言文字教学发展。课程模式也许是一个主题带动一个周期内达成一个系列的教学目标，使学生得到实际的语言经验和更多的运用、理解甚至是创造的机会。这样的假想是否会实现？我非常愿意用自己的教学生涯来见证。

陋室余篇

　　教育的改变会是整个民族未来的改变，因此要慎之又慎。但是教育如果不变，也会造成更深远的负面影响。也许现今我们在教育中感受到了自己和学生的"饥饿"，因此中华传统文化得以"摆上餐桌"。但是，我们不能"狼吞虎咽""囫囵吞枣"，而要明审其色，细品其香，渐尝其味，将优秀的传统文化真正渗透到教育的血脉中，以滋民族之成长。

本文发表于《语文课内外》2020年第13期

勤勤兴林场，喈喈乐灰椋
——细读《灰椋鸟》

　　自古以来，以鸟寄情的诗文颇多。"泥融飞燕子，沙暖睡鸳鸯。"有其恬美；"乡书何处达？归雁洛阳边"有其乡情；"晴空一鹤排云上"有其豪迈；"西塞山前白鹭飞"有其闲适……郑振铎用《燕子》赞美春天与生命；冯骥才以《珍珠鸟》赞叹信赖之美好……而平平无奇、朴实无华的灰椋鸟，在作者有情之笔下群簇欢腾，作者于有心之言中赞扬劳动。由我看来，本文也许不至于与之前诸文比肩，但亦独树一帜，自成佳篇。

　　本文选灰椋鸟为"主角"来表达主旨，是否在作者心中这普通而又众多的鸟儿正与她所要赞扬的劳动者有相似处呢？文章开篇写到"早就听说林场的灰椋鸟多"，立即引我浮想——"早就"一词，岂非说明林场植造已久？"多"又多到什么程度？通篇读罢，发现结尾处所言"这几年大规模的植树造林"以及"壮观场面"。可见文章首尾呼应，一脉相连。纵观行文布局，第一节从见闻引出看鸟；第二至五节按时间顺序由到达林场等待群鸟归林，写到群鸟归林时的壮观和归林后的盛况；至最后抒发赞美、揭示中心。文意联通，层层叠进，场面描写由静至动，笔墨逐渐增多、加深。全文浑然天成，更使得最后中心的揭示得到了完整而有力的支撑。

　　第一节用一个反问，引得我初读时不禁想同作者一道去看一看这不

陌室余篇

起眼的灰椋鸟，更令我再读时明白了作者为何会"忍不住"要"亲自去看一看"。

作者用两节展开了对林场的静景描写，这是她去观看灰椋鸟的经过，也铺垫了灰椋鸟栖息的条件是由林场工人的辛勤劳动而来。第二节的"下午""轻轻"和"选好观察位置"，写出了她对看鸟的期望和不惊扰鸟儿的细心。将棕红色水杉落叶比作"华贵的绒地毯"，表现了水杉林的广袤，同时使读者对林场产生柔和舒适的第一感受。作者身居东北，此时已值深秋时节；灰椋鸟作为群迁候鸟，按理说此时应大规模向南迁徙。广阔林场安逸自在的生活环境，竟让鸟群能够定居下来，难道不是一种奇观？第三节接着围绕"静"字，向读者铺展开一幅郁郁葱葱、宽广繁茂的林场画卷。这"静"中的一声"灰椋鸟！"，伴着作者"翘首"的期盼，将读者的视线带至天上的那"许多黑点"——要描写灰椋鸟归林的盛况了！

作者写群鸟归林时的场面，在数量上由"一小群一小群"到"整群整群"再到"一批一批"，如同化染于纸面的点滴墨花，一片片扩散开来，展现了归林鸟群数量之多；在声音上由远及近，由分散到集中，由无序的"鸣叫"联想到"倾诉""呼唤"和"互相应和"，在鸟群饱满的生命力中注入了"人性"；在鸟群形态上从"盘旋着，陆续投入"到"排成数百米长的长队"和"围成一个巨大的椭圆形"，用"大部队"表现出鸟群规模之大、队列之序，使读者为之震撼。"排空而至"与"浩浩荡荡"之情景，一览无余。

如果光写群鸟归林时的场面，就不够表达作者对灰椋鸟的惊叹，更不足以对林场工人辛勤劳动的成果发出赞叹。因此，作者花了更多的笔墨来继续写灰椋鸟归林后的欢腾场面。在被无限美好的"夕阳"和"晚霞"映红的大片树林中，鸟群欢腾的场面更显热闹！第五节的描写此起彼伏，让人拍手称快！一个"看"字，让读者的眼球和想象随文而动。"这几只刚刚""那几只又马上"，使人应接不暇。在第一节中还只是"灰灰的背"，此时此地却成了"盛装的少女在翩翩起舞"，多么美丽，多么活泼，多么轻盈！让人怎能不尽情欣赏？从眼前的几只鸟写到目之所及的大群鸟，因观察由点及面，所以作者的表达也随之而变。由于欢腾的鸟儿众多，作者文如雨下，四字一词，节奏分明地将眼前的情形描绘出来。热闹岂能无声？作者将此时的鸟叫声比作"飞瀑落入深涧""惊涛拍打岸滩"。这鸟声与水声之比让我不禁想到"诗王"白居易"嘈嘈切切错杂弹，大珠小珠落玉盘"的绘声巅峰！作者身处此境，见景入情，不由得感到自己眼前是"一个天然的俱乐部"，自己也仿佛加入了这"盛大的联欢会"，同灰椋鸟一同在"庆祝自己的节日"。灰椋鸟的安逸自在、热闹欢愉感染了作者，使她"竟情不自禁地欢呼起来"；更感染了读者，使我也"心向往之"！

当我读着最后作者的思考和掷地有声的反问句，再回顾文章对林场、鸟儿归林时和归林后场面的描写，怎能不同样去赞叹林场工人辛勤劳动带来的一切呢？

读文后，我在查阅中了解到本文作者——东北的一位养鹤姑娘。她爱鸟儿，爱自然，更将自己年轻的生命留在了寻找天鹅的小河中。当我再读全文，这字里行间的美景、境地、真情，无不使我扼腕。劳动者赞扬着劳动者，更赞扬着生命的光辉……我视本文为佳篇的意义，现在已不止于其本来的意味了。

"文章合为时而著"
——细读《陪女儿高考的一整天》

莫言先生的《陪女儿高考的一整天》从高考前一晚的全家赴考、父女备考和家长送考写起，经家长候考，直至第一天考完后的父女议考忧考到凌晨。这整整一天经历，是作者作为一个考生家长两夜一昼的牵肠挂肚、悬心吊胆！而莫言先生除了是一位平凡的父亲，也是当代颇有影响力的作家。白居易有语云"文章合为时而著"。莫言先生这一文，除了引殷殷家长们共鸣，牵莘莘学子的思忆，散叙闲话中是否更发出了对高考时代的叹息呢？"陪女儿高考的一整天"，不仅记录了这一时代的真实，亦将掀开这一时代的议论，也许继而开启新一时代的进步。

一天两夜，系人心弦

初读文章，会有其时间跨度"文不对题"的错觉。细看文题，才会明白莫言先生所展现的"一整天"的确"齐整"。他并非从我们普遍认为一天的开始——早晨写起，而是选择了从女儿高考前一晚开始，并且用足了这一天的时间，一直写到第一天考完后女儿入睡、自己祈祷而结束。因为当下面对的事件是"高考"，所以决不能如平常一般草率，必须从万全的准备开始。

从篇幅来看，考前的内容从第一自然段一直写到第十三自然段，最最详尽。这也是符合了我们普遍的心理、态度和做法——非万事俱备、严阵以待，是无法胸有成竹地开展一件要事的，何况是高考。详写考前准备阶段，莫言先生慢慢将父母的准备、念想和女儿的种种心绪细细铺展开，紧扣着读者的心弦。在考前，作者用了六七次"心中"，这些直白的心声，恰恰最能让读者产生共鸣。

考试的过程是家长所不能参与的，自然也写得最少。这一部分主要写由家长们不同的等待境遇而对"高考公平"点到为止的思考。而听家长们"飘忽不定的话题"，作者在乎的是天气热，是延续着考前那"如临大敌"的紧张。这不正是对正在考试的女儿的牵挂吗？一颗心依然悬着。

写考完后由女儿的"昂扬"和满意感受到"欣慰"和"大获全胜"的时候，文章的篇幅很少，或许是暂时得到的释然，更是牵引出"突然"而来的转折以及继续绵延的揪心。这转折是女儿"突然想起"修改过的一个字而已，却又让当事人和读者们的心高悬了起来。虽然读着文章的我们会知道这一字之改不会影响成绩，但也要不由自主地出一身冷汗，也要情不自禁地假设被取消成绩后的辩驳。这就是莫言先生直白之下的功力吧。

围绕高考的第一天，莫言先生这前、中、后三段材料，既为系着女儿的一颗心牵动，又使得无论是否有相同经历的读者感同身受地动心。这也印证了伟大作家歌德所说的："取材不在远，只消在充实的人生之中。"

一考众议，发人深省

伴随着高考这个时代感浓厚的热门事件，莫言先生通过陪伴女儿的"一整天"，写出了不少现象，有些待读者去辨思，有些则直接说出了自己的看法。

一开篇两个自然段的"赶考"过程，除了诸多物品和"特价房间"外，令人印象深刻的就是多次谈到"运气"及其带来的心理波动。莫言先生的诺贝尔文学奖不是庙里求来的，他自然不会不知道求神占卜是否有实效，而他也以未加掩饰的自己那常人遇到难以预料的事情时无奈而为之的心理，以此来反映社会现象。这所要告诉人们的是一个信息——高考已经超出它所应覆盖的范围。

再看考前的部分，作者写"陪女儿高考"，写到女儿入场考试便可以了，但偏偏补充了第八自然段对奶奶的追忆和第十一、十二自然段家长的闲聊和两名迟到考生的描写。对奶奶的追忆，是由女儿高度紧张而频繁上厕所的表现想起的。而那位"不慌不忙、大摇大摆"的"胖"考生"从容不迫"的态度和"瘦弱"的病态男生带病赶考的对比，又折射了什么？为什么要写出家长们说胖考生"不管是好学生还是坏学生，他的心理素质绝对好，这样的孩子长大了可以当军队的指挥官"？又为什么不写清家长们对带病男生的感慨和"咕哝"？对于读者来说也许心中都有一张谱。

因为这"高考"已经远远超出了对孩子们一个阶段学习情况的考察定义，虽然还未超出选拔的"界限"，但俨然已是对家长是否细心周到的考验，对每个考生心理、身体等的种种考验，以至于对社会的考验，甚至是对树上蝉儿的考验了！这一"考"之下的可怕，不是日本鬼子让生命结束的可怕，而是"高考"怎样决定着生命将如何继续的可怕！

对高考本身，作者说"对广大的老百姓的孩子来说，高考是最好的方式"，那么现在的高考怎么会变得"竟然像日本鬼子一样可怕"呢？是不是作者女儿高度的紧张？还是无论从容不迫的胖考生还是几乎病入膏肓的瘦考生都要殊途同归地参加高考？又或是明年同样在做着猜题准确率更高的教参书的考生们？这无疑是一个能引发一系列思考和讨论的时代话题。因此莫言先生在表达中轻轻抛出的发人深省处，正体现了作者当仁不让所负起的时代责任。

一气呵成，近人合时

读完这篇文章的整体感觉，会觉得少有妙笔生花的繁奥，却有浅显易懂的通畅。仿佛读者随着作者的视角，经历着这一天所发生的一切要紧事。叶圣陶先生在《文章例话》中评老舍先生文章的风格之一是明快和简洁带来自然，因为他不会过度推敲字词。莫言先生的这篇文章也恰如此。

文章有诸多心理描写，却依然能让人感到流畅和连贯，是因为文中除了多次直接写出心中所想，还运用人物的表现来自然反映人物心理。第三自然段女儿睡不着时"一会儿说"，"一会儿又问"，不正是紧张不安吗？他人的紧张不安，自己是感觉不到的，但通过行为能够看到、听到，我们平时写作总会取而代之地去写他（她）心想……那么作为读者怎么会感到自然、流畅呢？

文章动人是因为情，本文的流畅也正是源于一以贯之的父爱。女儿睡不着时自己"心中暗暗盘算"，女儿睡着后"不敢开灯看表"，甚至凌晨听到鸟叫声的担忧：莫言先生心念女儿，几乎一夜都没合眼啊！在担心女儿考试前会疲倦的同时，作为父亲早已忘记了自己的疲倦了吧。接着由送考自然地从一个家长延展到众多家长，正因为就是一个平凡的生活场景，才自然地表现了送考家长们一心只为儿女的情怀。

文章的最后三个自然段都用省略号结尾，很有特点。第二十自然段写了自己怎样进一步劝说女儿，一字之误，却引发了如此多的劝解，甚至要用省略号来表现其多，可见高考给家庭带来的巨大压力，这也是它的"可怕"之一吧。接着写"凌晨一点钟女儿心事重重地睡着了……"对比前一次睡着，用的是句号，而这里用省略号，表现出了那其实不必要却缠绕不尽的担忧。最后一个省略号又包含了什么？也许是作为父亲的莫言先生又一夜的辗转吧……

细分文题，会发现它由"陪女儿"和"高考的一整天"两个词组组成。前者表达的是一组家庭关系，后者则体现了文章的"为时而著"。莫言先生的这篇文章载着家庭的爱，在"高考"这一时代背景中引发着读者们的共鸣和回响。

无墨之笔

剑道真如亦不奇，行云流水任由之。
纵横自在无拘束，漫写心魂便是诗。

——金 庸

书道与剑道

在本书的最后部分，我想说说练字，特别指粉笔字。因为语文老师离不开粉笔。

我自己练字的小故事曾被《劳动报》采访并刊登在第12234期"绝活"专栏，因此不想赘述了。对于写字本身，我常将其想象为武侠小说中的剑道。书道与剑道，刚柔相济，实在有许多相同之处。

用境界来划分的话，我觉得有那么几层。

"利剑期"——锋芒初露，凌厉刚猛，章法结构初得体会。多阅各家字帖，练写每日不辍满五年左右者即大约可入此境。

"软剑期"——融会帖意，刚中有柔，起承转合行云流水。随着积累，自然会由刚入柔，因此时间不定，看各人对书道的理解而异。

"重剑期"——重剑无锋，大巧不工，运笔质朴古拙遒劲。如果说前两个境界是从量变到质变的过程，那么要达到这个境界就需要跳脱对量和质的尽求。

"木剑期"——返璞归真，不滞于物，草木竹石均可为笔。

在所有书写工具中，我独爱粉笔。它没有钢笔的挺拔坚毅，没有毛笔的灵动潇洒。它是一支介于柔和刚之间的无华笔。它尝受折断之痛、碾踏之苦、化尘之劫，可它的身体却转世于那与它一样无华的黑板上。它不争荣辱，无意成败。它就是一支粉末凝成，又终成粉末的笔。

我始终认为，语文老师应该写好字，特别是写好一手粉笔字，无论在什么时代。

附上一首自编的小口诀，以佐练习之用。

无墨之笔

练 字 诀

脚平身正握笔端，眼细心静气息绵。

横坚竖直点准确，撇展捺缓折挺拔。

勾收提巧弯流畅，笔画到位结构彰。

上下联系里外合，左右平衡大小分。

包围独体左中右，谦让穿插字体显。

字字对齐行行平，书面整洁才圆满。

牢记口诀善观察，练写比较勤最善。

板书作品一瞥

赤壁賦

縱一葦之所如凌萬
頃之茫然浩浩乎如馮
虛御風而不知其所止
飄飄乎如遺世獨立
羽化而登仙於是飲
酒樂甚扣舷而歌之歌
曰桂棹兮蘭槳擊空
明兮泝流光渺渺兮予
懷望美人兮天一方客
有吹洞簫者倚歌而
和之其聲嗚嗚然如怨
如慕餘音嫋嫋不絕如
縷舞幽壑之潛蛟泣
孤舟之嫠婦蘇子愀然

唐太了卒更令歐陽
詢書張翰帖筆法險
勁猛銳長驅智永可
復避鋒雞林嘗遺使
求詢書高祖聞而歎曰
詢之書名遠播四夷
秉筆力益動有執
法面折庭爭之風孤峰
崛起四面削成非虛譽也

无墨之笔

191

離騷

帝高陽之苗裔兮朕皇
考曰伯庸攝提貞於孟
陬兮惟庚寅吾以降皇覽
揆余於初度兮肇錫余以
嘉名名余曰正則兮字余曰
靈均紛吾既有此內美兮又
重之以脩能扈江離與辟
芷兮紉秋蘭以為佩汩余
若將不及兮恐年歲之不吾
與朝搴阰之木蘭兮夕攬
中洲之宿莽日月忽其不
淹兮春與秋其代序

逍遙遊

北冥有魚其名為鯤鯤
之大不知其幾千里也化
而為鳥其名為鵬鵬之背
不知其幾千里也怒而
飛其翼若垂天之雲是
鳥也海運則將徙於南
冥南冥者天池也齊諧
者志怪者也齊諧之言曰
鵬之徙於南冥也水擊
三千里摶扶搖而上者
九萬里去以六月息者也

野馬也塵埃也生物之以
息相吹也天之蒼蒼其
正色邪其遠而無所至
極邪其視下也亦若是
則已矣且夫水之積也不
厚則負大舟也無力覆
盃水於坳堂之上則芥
為之舟置盃焉則膠水
淺而舟大也風之積也
不厚則其負大翼也無
力故九萬里則風斯在
下矣而後乃今培風斯背
負青天而莫之夭閼者

而後乃今將圖南蜩與
鸒鳩笑之曰我決起而飛
搶榆枋時則不至而控
於地而已矣奚以之九萬
里而南為適莽蒼者三
餐而反腹猶果然適百
里者宿舂糧適千里者三
月聚糧之二蟲又何知小
知不及大知小年不及大年
奚以知其然也朝菌不知
晦朔蟪蛄不知春秋此小
年也

193

楚之南有冥灵者以五
百岁为春五百岁为秋
上古有大椿者以八千岁
为春八千岁为秋而彭祖
乃今以久特闻众人匹之
不亦悲乎汤之问棘也是
已穷发之北有冥海者
天池也有鱼焉其广数
千里未有知其修者其
名为鲲有鸟焉其名
为鹏背若泰山翼若
垂天之云

搏扶摇羊角而上者九
万里绝云气负青天然
后图南且适南冥也斥
鴳笑之曰彼且奚适也此
小大之辩也故夫知效一
官行比一乡德合一君而
徵一国者其自视也亦
若此矣而宋荣子犹然
笑之且举世而非之而不
加沮定乎内外之分辩乎
荣辱之境斯已矣彼其
于世未数数然也

雖然猶有未樹也夫列子
御風而冷然善也旬有五
日而後反彼於致福者
未數數然也此雖免乎行
猶有所待者也若夫
乘天地之正而御六氣
之辯以遊無窮者彼
且惡乎待哉故曰至人
無己神人無功聖人無名

无墨之笔

后 记

我的工作是教书，在生活中挺爱看书，最大的爱好是听书，向往那"山寺日高僧未起，算来名利不如闲"的恬淡适宜日子。

虽然生活和工作都离不开书，但著书实在是未曾想，也未敢想过的。直至恩师杨献荣老师说："得出一本专著啊！"一星火苗便开始在我心头攒动起来。

在整理书稿的过程中，教书十多年来的凌杂笔墨由远及近地铺展开，第一次让我仿佛看出一条自踏上语文教师岗位至今的成长道路。我将这些思想轨迹分列在"教学杂谈""课堂撷录""浅研寥记""师道随想""陋室余篇""无墨之笔"等几个篇目中，汇总成这本小书。翻阅它的时候，既可以看到一位语文老师在实践中成长发展的历程，又能够起到一面"小镜子"用来照鉴自己教育教学工作的作用。我想，这就是这本小书的一点价值了。

我很爱语文教学，虽然在大学主修历史，走上语文教师岗位纯属偶然，也实属无奈——毕业那年工作难找。还是大学同学吴益飞把她当时在闵行区吴泾第三小学实习的位置"空"给了我，才使我不至于一毕业就失业。走进小学语文之后，如同打开了一本妙趣无穷的武侠小说，我发现其中有各门"内外功"的修炼，不同"境界"的语文老师也似各怀教书育人的独门奇招，甚至也有如同小说中"五绝"的"绝世高手"和"世外高人"……于是我也在这片全新的领域寻找自己的立足之地，锻炼自己的内外本领。在这些年中，从区里的"教学能手"到上海市的课堂教学评比获奖，再至"华山论剑"——全国小学语文教师素养大赛获特等奖，我从职业生涯里得到了很多有趣的经历。也许这种热爱是源于自己的富于想象，但更多的是多年教学中得到孩子们和家长们的肯定。

近几年开始做自己的语文教学工作室，在带教更多优秀青年老师的过程中，我开始会想：怎么把自己一些好的经验更有效地传递给有需要的老师们呢？而在这个时候，恩师鼓励我出一本书。我就觉得出书这件事不是幻想也不是不能想的了，而应该不仅敢想，还要及时去做。

最后又想到，自己能成为语文老师，实在要感谢顾震校长和徐燕春老师；这本书能够著成，实在离不开师父杨献荣老师。知遇之恩与授业之恩，在此一并由衷地表达。

沈喆

2022年1月9日

后记